GUIDO MARIA KRETSCHMER

ANZIEHUNGSKRAFT

Stil kennt keine Größe

EDEL

GUIDOS KLEIDERSCHRANK

GUIDOS KAUFRAUSCH

WARENKUNDE

VORWORT

»Eleganz ist der letzte Luxus unserer Tage.«

Der Tag, an dem wir uns für unser erstes allein ausgesuchtes Kleidungsstück entscheiden, ist der Anfang der Selbstbestimmung. Der Beginn der Wahrnehmung von der Kraft des textilen Ausdrucks, dem eigenen Style. Dieses entscheidende Erlebnis ist jedoch nicht gleich die lebenslange Eintrittskarte in den »Club der Gutangezogenen«. Es ist vielmehr der Start in das bunte Leben der textilen Möglichkeiten. Die vielbeschriebene »zweite Haut« bietet nicht nur Schutz vor Kälte und Wärme und den Blicken der Mitmenschen. Die Aufforderung nach Aufmerksamkeit, das »SEHT HER, ich bin da!« und das »Bitte nicht anschauen« stehen als zum Stoff gewordener Code ein Leben lang zwischen uns Menschen. Der Glaube an die Belanglosigkeit von Kleidung und Mode mag Generationen von Denkern und Intellektuellen bewegt und beschäftigt haben, während sie steife Krägen, gewebte Gewänder oder schwarze Rollis mit Hornbrillen trugen – sie waren alle Teil der Kleiderordnung ihrer Zeit. Es ist die Freiheit der Mode, die jeden von uns werden lässt, was er sein möchte, ist oder manchmal auch sein könnte. Sofern wir uns selbst oder die Gesellschaft, in der wir leben, uns die Möglichkeit dazu einräumt.

Kleider machen Leute, sagen wir, und manche Leute machen Kleider. Ich gehöre zur zweiten Kategorie. Meine Freiheit kam an einem Samstagnachmittag in Form einer Nähmaschine in mein Leben. Es war Liebe auf den ersten Blick, und angezogen von dem sonoren Summen und Sticheln, dem Klacken des hochgezogenen Nähfüßchens, war es um mich geschehen. Meine Mutter räumte ihren Platz und im Alter von neun Jahren übernahm ich das stichelnde Wunderwerk. Mein erster Scheinwerfer war das Licht meiner PFAFF 260. Ich war immer ein textiles Kind, konnte stundenlang meine Hände in gefaltete Baumwolle vergraben, Samt berühren und Muster in den Flor streicheln. Vermutlich hatte ich keinen Traum, in dem nicht eine Stoffbahn oder eine Naht eine entscheidende Rolle gespielt hatten. Die Entscheidung, in meiner Kirchengemeinde den Messdiener zu spielen, hatte einen fast blasphemischen Grund – ich wollte das rote Messgewand tragen, die weiße Spitzenpelerine fühlen und auf der Bühne stehen. Ein Sonntag in einer Kirche schult das textile Auge. Die guten Kleider und Mäntel, schwingenden Röcke, verschnittenen Hosen und zu engen Pullover mit zum Teil wirren Mustern haben sich in mir fest eingebrannt. Meine Festplatte wurde in St. Bartholomäus programmiert.

Heute ist textil gesehen jeden Tag Sonntag. Die Möglichkeiten, sich mit Mode auszudrücken, sind immens geworden und manche von uns kapitulieren, bevor sie überhaupt angefangen haben, sich einmal darauf einzulassen. Ich bin der festen Überzeugung, dass jeder von uns gut angezogen sein und somit auch gut aussehen kann. Es ist nicht nur wichtig, was wir tragen, sondern auch wie. Ein Look lebt von dem Selbstverständnis, das Richtige anzuhaben, dem Einswerden mit dem »stofflichen Begleiter«. Und wenn es mit Hingabe geschieht, mit einem gewissen textilen Know-how, kann jede Kombination und jedes Outfit zu einem unverwechselbaren Look werden, an den wir uns selbst erinnern oder in dem andere uns manchmal ein Leben lang in ihren Gedanken tragen. Wer sich einmal in einen roten Pullover verliebt hat, die Jeans gefunden, die nicht nur passt, sondern einen auch noch locker in die Hocke gehen lässt, wer ein Kleid getragen hat, das »Sinnlichkeit« und »Lebensfreude« rief – der weiß, dass Mode schön, stark und begehrenswert machen kann.

Leider geht bei der Verteilung unserer körperlichen Proportionen öfter mal etwas schief. Als gerade Hintern und Hüften verteilt wurden, hat die eine Frau zweimal »Hier!« gerufen und manchmal leider auch bekommen. Die andere hat sich gerade unterhalten, als es Brust gab. Dafür aber doppelt Nase genommen und beim Bauch richtig zugeschlagen. Die zu kurzen Beine gab es an dem Tag unglücklicherweise zusammen mit Cellulite. Gleich nebenan steht eine, die hat von allem etwas genommen, es gut verteilt und ist auch noch sympathisch. Also müssen wir aus dem, was wir haben, das Beste machen. Das Wunderbare an uns ist doch, dass es Unterschiede gibt und eine Unzahl von Modemöglichkeiten und fantastischen Textilien, die uns unterstützen. Das Grausame ist nur, dass viele von uns nicht wissen, wie sie sich optimal kleiden und ihren Körper gekonnt mit Mode in Szene setzen. Die Proportionen unseres Körpers sind unsere Spielfläche, textil unberührtes Land. Wenn wir uns einlassen auf das große Spiel mit Mode, können wir nur gewinnen.

Mit diesem Ratgeber möchte ich alle Frauen an die Hand nehmen und ihr Shoppingbegleiter werden. Mit einigen Stylingregeln und dem Verständnis für unseren Körper können die unzähligen Modemöglichkeiten uns besser aussehen lassen und glücklich machen. Wenn die Blicke der anderen wohlwollend auf uns ruhen, uns Augenpaare verfolgen, wir uns sicher und behütet fühlen, frei und schön, dann sind wir textil emanzipiert. Sollte uns aber keiner nachschauen – auch egal. Dann schließen wir die Augen, fühlen die wunderbaren Stoffe und den perfekten Schnitt, und öffnen sie wieder mit dem Bewusstsein, das Richtige anzuhaben. Der größte Bewunderer unseres Looks sollten wir selber sein.

Herzlichst

Ihr Guido Maria Kretschmer

MODE/FASHION
ZEITGEIST

WIE ENTSTEHEN EIGENTLICH TRENDS?

Zweimal im Jahr stellen die Designer in den Modemetropolen Paris, New York, London, Mailand und auch Berlin ihre neuen Entwürfe vor. Mit ihren Ready-to-wear-Kollektionen setzen sie Trends, nach denen sich auch die großen Modeketten richten und zeitversetzt alles in der Welt, was Nadel und Faden halten kann. Auffällig ist, dass es oft ähnliche Looks bei den Designern zu sehen gibt. Ist das Zufall oder Absicht? Nein, es gibt kein geheimes Meeting, bei dem Marc Jacobs, Karl Lagerfeld, Stella McCartney, Raf Simons, Hedi Slimane oder auch ich an einem Tisch sitzen und die Trends für die nächste Saison besprechen. Diese großen Kreativ-Egos kämen vermutlich nie auf einen Nenner!

Meine Inspiration für neue Kollektionen kommt aus den unterschiedlichsten Bereichen. Manchmal ist es ein Musikstück oder Architektur, eine Farbe, die mich angesprungen hat, oder Menschen im täglichen Leben. Die an Bushaltestellen stehen und rauchen, die in Restaurants auf ihren Partner warten. Reisen inspirieren mich, häufig ist es aber auch Kunst, sind es Bilder und Ausstellungen oder, wie im letzten Jahr, mein russischer Windhund – der so elegant und schick auf meinem Sofa lag, dass sich mir dadurch eine ganze Welt eröffnete, die ich dann in einer Kollektion verarbeitete. All diese Eindrücke in der Kombination mit dem Zeitgeist, den Strömungen, die in der Gesellschaft zu finden sind, wachsen dann zu einem Look zusammen. Jedem guten Trend liegt daher eine ausführliche Recherche zugrunde und die beginnt direkt vor der Haustür. Trendscouts beobachten das modische Straßenbild. Was tragen die Individualisten? Oft sind es kleine Dinge, die den Unterschied zur breiten Masse ausmachen. Ein Beispiel: Die Mehrheit der Frauen quält sich in meterhohen High Heels über das Kopfsteinpflaster. Aber nur eine Handvoll Damen fällt durch das Tragen von eleganten Kitten-Pumps auf. Sie könnten damit die erste Inspiration für einen Trend sein. Außergewöhnliche Looks, ungewöhnliche und fast vergessene Schnitte, eine gut sortierte Farbpalette oder vielleicht auch besondere Stoffe halten die Trendscouts in ihren Notizen fest und berichten dann ihren Designern. In unserem Zeitalter spielt das Internet mit seinen vielen Modeblogs eine große Rolle für neue Trends. Dort kann man sehen, welche Fashionista, welches It-Girl besonders experimentierfreudig ist und Looks trägt, die sofort ins Auge stechen. Kein Witz, aber auch das aktuelle Weltgeschehen kreiert Trends! Angeblich werden die Damenröcke bei einer wachsenden Wirtschaft kürzer und bei einem schrumpfenden Wachstum wieder länger. Eine interessante Theorie, die aber noch nie wissenschaftlich belegt wurde. Eine weitere Inspirationsquelle kann Hollywood sein. Ist ein großer Blockbuster, zum Beispiel ein aufwendiges Kostümdrama, mit einem riesigen Staraufgebot im Kino, können Modeschöpfer sich auch davon beeinflussen lassen oder unsere Looks inspirieren dann wieder zu neuen Geschichten. Danach heißt es für die Designer: ins stille Kämmerchen einsperren und eine Kollektion für die anstehenden Fashion Weeks entwerfen. Oft möchten sie mit ihren Entwürfen die Menschen träumen lassen und Sehnsüchte stillen. Nicht umsonst sind in regelmäßigen Abständen Blumenmuster (stehen für den Frühling) und goldfarbene Accessoires (stehen für Reichtum) angesagt.

Die Modeveranstaltungen zeigen immer am Anfang des Jahres die Kollektionen für den kommenden Winter und im Spätsommer die Trends für den nächsten Sommer. So haben auch die großen Modehäuser Zeit, die neuen Looks für sich umzusetzen. Dann kommen die Medien ins Spiel. Die Journalisten der wichtigen Modemedien berichten direkt aus den ersten Reihen der Modenschauen und verkünden, was demnächst IN ist. Und schon weiß die Damenwelt, in welche Kleidungsstücke sie demnächst investieren muss.

GUIDOS
MODEZIRKUS

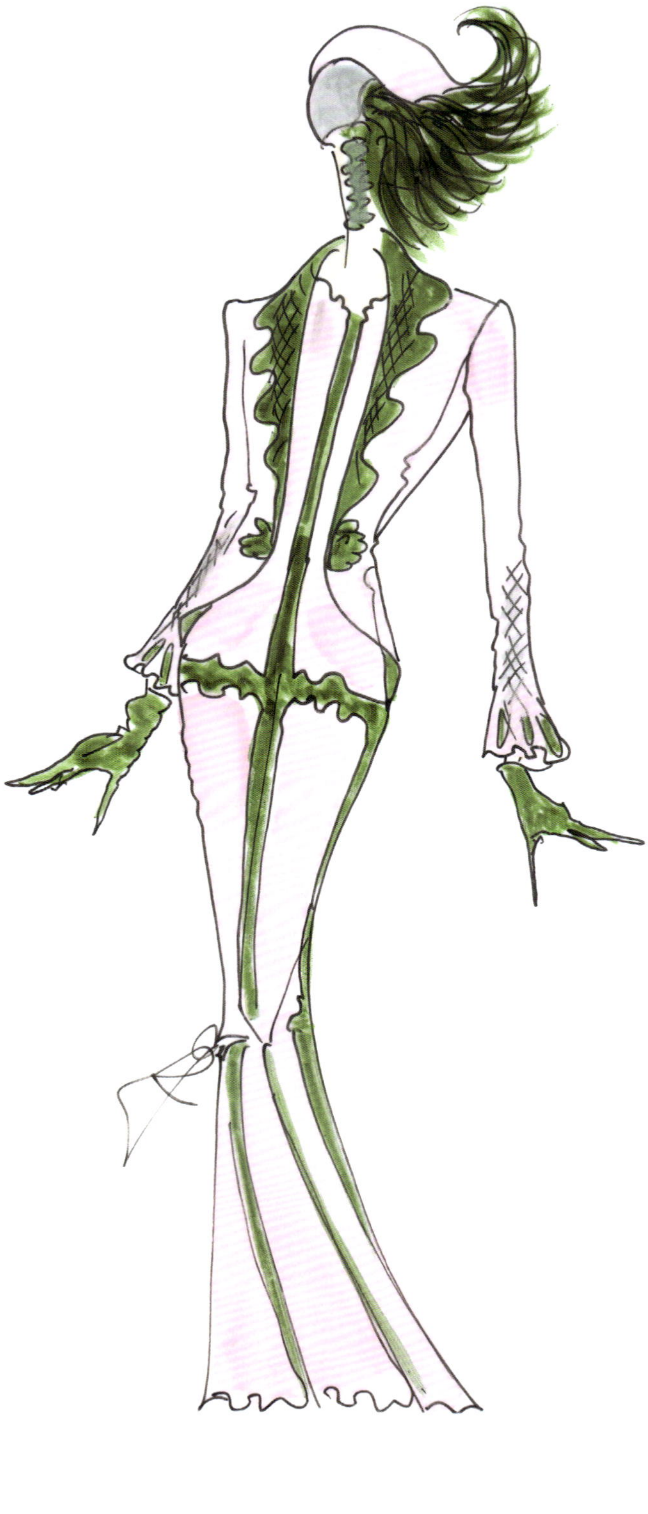

TYPSACHE

Im Laufe der Zeit habe ich zehn Hauptfigurtypen unterscheiden können, die ich Ihnen hier vorstellen möchte. Ich nenne sie Erdmädchen und Elfen, Busenwunder und große Walküren. Jeder Figurtyp hat seine kleinen Schwächen, aber immer auch Stärken – und die gilt es zu betonen! Dazu möchte ich Sie mit diesem Kapitel motivieren und Ihnen zeigen, wie Sie sich gekonnt stilvoll kleiden können. Kennt man die richtigen Tricks und Regeln, dann kann das Spiel mit der Mode so viel Spaß machen! Denn Stil kennt keine Konfektionsgröße! Zu jedem Figurtyp erzähle ich eine kleine Geschichte über eine Begegnung mit einer Repräsentantin dieser Figurform. Um die Identität meiner Lieben zu schützen, heißen diese Damen bei mir immer Frau Meisenkaiser. Entdecken Sie Freude an der Mode, finden Sie heraus, was etwas für Sie tut und was nicht. Aber vor allem machen Sie sich bereit, sich ab sofort von Ihrer besten Seite zu zeigen!

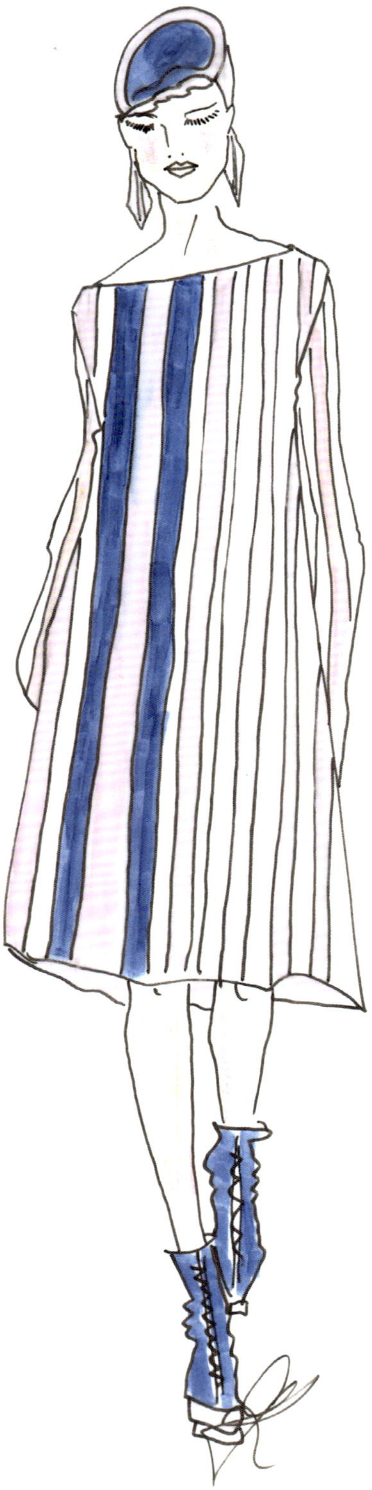

DIE KURVENLOSE SCHÖNHEIT ODER DAS SYMPATHISCHE BRETT

»Bei der im Extremfall vorne auch hinten sein könnte!«

Eine Frau, die statt Rundungen eine gerade Körperform hat, kann dennoch weiblich und gut proportioniert wirken – wenn sie einige wichtige Regeln beachtet. Es gibt mehr Frauen der Kategorie sympathisches Brett, als Sie vermuten. So wie eine sehr liebe Kundin von mir, nennen wir sie mal Frau Meisenkaiser. Besagte Frau Meisenkaiser ist ein sehr gutes Beispiel für die kurvenlose Schönheit oder das sympathische Brett.

Jene Dame hatte sich für einige Tausend Euro ein traumhaftes rotes Kristall-Abendkleid eines großen französischen Modehauses geleistet. Bei einer unserer Anproben erzählte sie mir von einem Problem mit dieser Robe. Sie sagte: »Lieber Herr Kretschmer, das Kleid sitzt hinten und vorne nicht.« Sie habe damit sechs Stunden bei den Richard-Wagner-Festspielen in Bayreuth gesessen und das Gefühl gehabt, dass jemand vorne zieht und hinten drückt. Was bei sechs Stunden Oper verständlicherweise etwas unangenehm sein kann. Dem anwesenden Ehemann blieb das Unwohlsein seiner geliebten Gattin nicht verborgen, denn auch er konnte den Würger hinten und den Drücker vorne nicht ausfindig machen. So bat sie mich um Hilfe und äußerte den Wunsch, ich solle mir das verschnittene französische Elend doch bitte einmal unverbindlich anschauen. Sollte ich zu der Beurteilung kommen, dieses Modell nicht retten zu können, würde das gute Stück entsorgt und hätte die Aussicht, in einem Rot-Kreuz-Container auf ein neues Opfer zu hoffen.

Bei der anschließenden Anprobe des Kleides musste sich meine sehr direkte und grundehrliche Direktrice zurückhalten, nicht lauthals loszulachen. Frau Meisenkaiser hatte das besagte Kleid falsch herum angezogen. Die Brust saß auf dem Rücken und der Nackenausschnitt schnürte ihre Kehle schon im Stehen fast zu. Die Tatsache, dass im Sitzen gewürgt wurde, war nicht dem »Parsifal« in Bayreuth anzulasten, sondern der bedingten Dusseligkeit von Frau Meisenkaiser. Das französische Modehaus hatte das Etikett in die Seitennaht genäht – wo war also vorn? Bis dato hatte ich mir nie darüber Gedanken gemacht, dass bei einem sympathischen Brett vorne eben im Extremfall auch hinten sein kann. Diese kleine Geschichte fand ihre Lösung in der Umpositionierung des Etikettes in das Rückenteil. Eine Woche später wurde meine kleine Nähaktion mit dem Satz belohnt: »Herr Kretschmer, Sie sind ein Gott!«

WORAN ERKENNEN SIE DAS SYMPATHISCHE BRETT?

Die Taille des H-Typs (so wird das sympathische Brett in der Fachsprache genannt) ist in der Regel so schmal wie seine Hüfte. Der Hintern und die Brust sind flach – Kurven sucht man vergebens. Oft werden die Damen um ihre schön schlanken Arme und Beine beneidet.

Prominente Frauen mit H-Körper: das Modelwunder Kate Moss, Tilda Swinton, das Blasseste, was der liebe Gott in die erste Reihe geschoben hat, und Keira Knightley (wer sie nicht mag, ist selber schuld)

IHR LOOK

Ihre Oberteile

Blusen, Hemden und Tops, die an der Hüfte geknotet oder gerafft werden, können Ihre perfekten Begleiter sein. Zu kurze Jacken sollten Sie lieber meiden, denn sie betonen Ihren flachen Po. Hemdblusen und alles, was aus leichten Stoffen drapiert werden kann, machen Ihren Oberkörper weiblicher. Auch sind Sie die Frau, die keine Angst vor Plissee haben muss – die Falten sind wie für Sie gemacht. Finger weg von Spaghettiträgern und Tube-Tops. Ihre flache Brust wird durch sie nur in den Fokus der Aufmerksamkeit gesetzt. Ein Push-up ist nur dann eine Hilfe, wenn Sie mit einer zweiten Lage arbeiten und ein wenig Dekolleté zeigen.

Ihre Unterteile

Gerade geschnittene Hosen (Jeans oder Chinos) stehen Ihnen in Kombination mit einem hüftumspielenden Blazer und fließenden Oberteilen perfekt. Von Push-up-Pants würde ich abraten: Sollte eine neue Eroberung beim Verlassen des Restaurants Ihre Hüfte berühren, wird er den Schaumstoff bemerken. Und dann vielleicht schlussfolgern, dass Sie eine Bindegewebsstörung haben! Röhren- und Schlaghosen sind wunderbar und selbst Bund- und Bügelfalten machen Ihnen keine Probleme. Ihre Figur ist wie für schwingende A-Linien-Röcke gemacht – Tulpenröcke hingegen meinen es besonders gut mit Ihnen, sie zaubern Ihnen Hüfte. Auch Bleistiftröcke können toll sein, sollte Ihr Rock jedoch länger als das Knie sein, dann bitte nur mit hohen Hacken.

Ihre Kleider

Das perfekte Cocktailkleid für Sie hat eine leicht überschnittene Taille und gerne auch Legefalten und Plissees. Vor starken Schulterproportionen durch Puffärmel brauchen Sie keine Angst zu haben. Vermutlich wird es aber Ihren Mann irritieren, wenn Ihre Schultern plötzlich breiter wirken als seine. Gerade geschnittene Abendkleider in fließenden Seidenstoffen sind zu edleren Anlässen der beste Begleiter. Alles, was fließt, semi-transparent und nicht zu eng ist, gehört Ihnen! Ein Kleid in V-Form ist eine tolle Lösung für Sie. Die Schultern sind akzentuiert und nach unten läuft es schmal zu. Aber Achtung: Dieser Schnitt hat auch seine Tücken. Sollten Sie unglücklicherweise nur so groß sein wie eine Parkuhr, macht Sie die V-Form noch kleiner. Aber auch die superhochgewachsenen Damen können schnell aussehen, als ob J.R. Ewing sie gerade von der Southfork-Ranch getrieben hat. Mehr Achtzigerlook geht nicht. Dennoch ist die V-Form in fließendem Stoff und raffiniertem Kragen ein Magier, der Ihnen Brust und Taille herbeizaubern kann. Ein V-förmig geschnittenes Kleid in einem fließenden Wollgewebe kann traumhaft aussehen. Eine weitere Option ist das Wickelkleid. Sie sollten es jedoch nicht zu eng binden. Quer verlaufende Muster an Brust und Taille meiden Sie besser. V-Ausschnitte zaubern ein Dekolleté, und eingelegte Falten in Taillen- und Brusthöhe lassen Sie weiblich erscheinen. Tiefe und fließende Rückenausschnitte sind sexy und geheimnisvoll. Auch schräg geschnittene Kleider, die über eine Schulter fallen, stehen Ihnen hervorragend. Ein Kleid, das »Mädchen« ruft, sollte nicht Ihre erste Wahl sein. Sie sind die Geheimnisvolle, die Elegante und können dabei gerne auch sportlich aussehen – nur sind Sie kein verspieltes Ding! Sie sind vermutlich auf dem Oktoberfest das einzige Madl, das im Dirndl verkleidet aussehen würde. Essen Sie lieber ein leckeres Brathendl – Sie können es sich leisten – und tragen Sie eine Lederhose mit einer süß karierten Hemdbluse. Ebenfalls einen großen Bogen sollten Sie um Bustier-Kleider machen und sie Frauen mit einer großen Oberweite neidlos überlassen. Abraten würde ich Ihnen außerdem von Stretch- und zu engen Strickkleidern, da diese Materialien nichts für Sie tun. Diese Stoffe überlassen Sie lieber Ihren kurvigen Kolleginnen im Büro.

Ihre Accessoires

Als sympathisches Brett sind Sie wie gemacht für große Accessoires. Große Tücher, lange Schals, Ketten oder sogar Halsbänder (falls Hals vorhanden) und XXL-Taschen (auch schräg über die Schulter getragen) schaffen Proportionen.

Ihre Schuhe

Sie sollten sich eine Sammlung an auffälligen und extravaganten Schuhen leisten. Für die H-Frau mit grazilen Beinen sind Pumps mit dünnen Absätzen das bevorzugte Schuhmodell. Sympathische Bretter mit festen und durchtrainierten Waden lenken mit Wedges die Aufmerksamkeit auf die Schuhe. Stiefel und Flats lassen Ihre Figur maskuliner wirken, als sie wirklich ist – also Finger weg und lieber einen High-Heels-Laufkurs belegen.

Ihr Beauty-Look

Sie können Ihr Haar lang tragen, das macht Sie feminin. Und auch vor Locken brauchen Sie sich nicht zu fürchten. Wenn Sie aber die maskuline Art Ihrer Figur unterstreichen möchten, tragen Sie eine aufregende Kurzhaarfrisur. In Verbindung mit tollen High Heels und roten Lippen kann eine Spannung erzeugt werden – Marlene Dietrich und vermutlich auch der Rest der Welt würden Ihnen verfallen.

STYLINGTIPPS FÜR

… den Tages-Look

Versuchen Sie es doch mal mit dem »Boyfriend-Look«. Mit Ihrer Figur sind Sie für ihn wie gemacht. Kleiner Haken an dem angesagten Style: Von hinten könnten Sie auch wie Ihr »Boyfriend« aussehen. Mein Tipp: Um nicht zu maskulin zu wirken, setzen Sie einfach auf glitzernde Accessoires und Absatzschuhe.

… den Business-Look

Ich empfehle Ihnen eine schwarze Lederhose zu einer taillierten Hemdbluse in einer kräftigen Farbe. Wenn Sie nicht so gerne im Mittelpunkt stehen, werfen Sie sich noch einen hüftlangen Blazer (in einer dezenten Farbe) über. Wichtig bei einem eleganten Office-Outfit: ein guter Schuh – am besten Kitten-Heels, denn die sind bequem und nicht zu sexy. Sie wollen Ihren Chef ja nicht in Verlegenheit bringen, oder?!

… den Party-Look

Ihr schickes Ausgeh-Outfit sollte ein Cocktaildress sein, das mit seiner überzogenen Taille überzeugt. Eingelegte Falten, die geschickt um die Hüfte drapiert sind, lassen Ihre Körpermitte schmaler wirken. Wenn Sie noch eins draufsetzen möchten, dann entscheiden Sie sich für ein One-Shoulder-Minikleid. Und zieren Sie sich nicht, viel Bein zu zeigen – wenn Sie das nicht tun, wer denn dann? Auch ein auffälliger Gürtel kann, locker getragen, an Ihnen toll aussehen.

… die Sommersaison

Für den Strand brauchen Sie und Ihr kurvenloser Körper nur drei Sachen: ein weites Maxikleid, einen Bikini mit großen Mustern und viel Sonnencreme. Wenn Sie gerne die Beachqueen in einem angesagten Strandclub auf Ibiza sein möchten, dann sollten Sie in einen Monokini investieren. Keinem anderen Figurtyp steht er so gut wie der H-Form.

… die Wintersaison

Sehr passend sind dicke, gerade geschnittene Militarymäntel mit opulentem Schulterschmuck. Die Schulterklappen, Goldsterne und »Dienstgradabzeichen« lenken die Aufmerksamkeit auf Ihre Schultern. Aber auch ein tolles Cape schmeichelt Ihrer Figur. Für eine Portion Glamour tragen Sie ausgefallene Handschuhe dazu. Und denken Sie daran: auch im Winter keine Angst vor grafischen Mustern und Karos.

DON'T FORGET
FÜR DAS SYMPATHISCHE BRETT

Alles, was in A-Linie geschnitten ist, gehört zu Ihnen wie die Liebe zum Textil zu mir. Die A-Form ist ein echter Proportionsgehilfe – er deutet eine Taille an, wo keine ist, und kann eine Hüfte herbeizaubern oder verschwinden lassen. Die A-Form ist ein Weichzeichner für Ihre Figur und wirkt dabei immer feminin. Sie ruft gerne: »Hallo, ich bin eine Frau« – egal in welchem Alter. Wenn die A-Linie eine Partei wäre, hätte sie die absolute Mehrheit aller, die zu viel oder zu wenig Taille haben. Ihre gerade und schlanke Figur sollten Sie mit grafischen Mustern und Teilungsnähten unterstützen. Aufgesetzte Taschen, auch Reißverschlüsse und Materialeinsätze können hilfreich sein, denn sie zaubern Proportionen. Gerade aufgesetzte Brusttaschen in Form von Patten (Taschen mit Klappe) und Blasebalgtaschen können Oberweite andeuten. Ein nicht zu übertriebener Lagen-Look kann Sie femininer wirken lassen und sorgt für eine Portion Weiblichkeit. Verschiedene Materialien und Texturen sollten in Ihrem Look verbunden werden. Es schafft Spannung, wenn Sie etwa Grobstrick-Oberteile mit einer glatten Lederhose kombinieren. Ein fließendes Material kann die Taille umspielen und durch einen tief getragenen Gürtel runden Sie den Look perfekt ab. Sie können sich glücklich schätzen, denn Sie können fast alle Materialien tragen. Auch Stoffe, die bei anderen Körperformen auftragen würden, wie Tweed, Bouclé, Grobstrick, Cord und Samt oder das von so vielen geliebte Gewalke.

DIE PERFEKTE

»Die Perfekte muss nicht immer im Mittelpunkt stehen, sitzen geht auch!«

Designer haben das große Glück, ständig mit wunderschönen Frauen arbeiten zu dürfen. Stimmt! Designer sehen Frauen innerhalb von zwei Minuten in Unterwäsche vor sich. Stimmt! Designer laden zum Casting und Heerscharen von Traumfrauen kommen und laufen auf Kommando. Stimmt auch! Unzählige Traumkörper haben sich schon vor mir aus- und angezogen, aber es gibt eben doch immer wieder die Eine, die Perfekte.

Als die Perfekte mit ihren 1,78 Metern auf mich zukam – da wusste ich, der liebe Gott musste einen außergewöhnlich guten Tag gehabt haben, als er sie entworfen hatte. Perfekt proportioniert, schlanke wohlgeformte Beine, einen ebenmäßigen Teint am ganzen Körper. Kein Äderchen, keine Rötung störte das Kunstwerk aus DNA. Die schönsten Brüste, die ich jemals gesehen hatte, ein strahlendes Lächeln, dichtes dunkles Haar, blaue Augen. Fein gegliederte Hände und Füße, dünn, aber nicht dürr. Beweglich und anmutig, blitzgescheit und gut erzogen – kurz, eine Traumfrau! Ja, liebe Mädels, ihr müsst jetzt ganz stark sein, es gibt sie. Sie ist wunderschön, keine blöde Kuh, keine Arrogante, ohne offensichtliche menschliche Schwäche, göttlich auf zwei Beinen mit acht Buchstaben: C-O-N-C-H-I-T-A.

Jenes spanische Model vom Typ »Kernerschütterung« hätte alles werden können – und das wurde sie auch für mich: mein erstes Fittingmodel. Als Designer bin ich abhängig von guten Models, denn sie sind die ersten Botschafterinnen meiner Mode. Wenn ein Showkleid das richtige Model findet, ist es immer etwas Besonderes. Wie Ankommen nach einer Wanderschaft. Dieser Moment hat einen ganz besonderen Zauber. Die Verbindung von Textil und Frau hat etwas Magisches, für eine Sekunde bleibt alles stehen, die Anwesenden werden Zeugen von Harmonie und Ästhetik. Das erste Fitting ist für mich immer sehr aufregend. Wenn ein Look nicht funktioniert, fliegt er raus, egal wie lange wir an ihm gebastelt haben. Die zweite Chance gibt es nur einmal. Sollte er dann noch immer nicht berühren: Adieu.

Fittingmodels sind Mädchen, die so perfekt gebaut sein sollten, dass wir Designer sie als Grundlage für unsere Passform nutzen dürfen. Diese Mädchen müssen über eine Engelsgeduld verfügen, da sie stundenlang Kleider probieren, pausenlos von Nadeln gestochen werden und Hunderte Male hören: »Dreh dich doch noch einmal, bitte.« Oder: »Geh mal ein paar Schritte für mich.« Für mich waren es immer nur eine, in guten Zeiten vielleicht zwei, die diese perfekten Maße und Eigenschaften hatten. Seit Jahren arbeite ich nun schon an meinen Kollektionen und genieße die Schönheit meiner von mir so verehrten Zoe Helali, meines aktuellen Fittingmodels. Sie ist eine Traumfrau, die mich zudem auch textil sehr beeinflusst. Sie ist nicht nur mein Lieblingsmodel, sondern eröffnet fast alle meiner Defilees.

Ohne diese besonderen Schönheiten hätte ich keine Möglichkeit zu erfahren, ob meine Kreationen präsentationsfähig sind. Nur die perfekte Symbiose aus Material, Schnitt und der

Bewegung des Models geben mir die nötige Sicherheit zur Präsentation. Es mag genau diesem Umstand geschuldet sein, dass ich fast immer mit den gleichen Models arbeite, ich brauche ihre Vertrautheit, ihre Anmut. Ich bin ein Bewunderer, der respektiert und sich einlässt. Alle Augen liegen auf den Models, sie müssen meine textilen Geschichten erzählen. Meine Arbeit ist dann erledigt. Jeder Look, der den Laufsteg betritt, sagt mir leise »Adieu«. *Heute* ist in der Mode der Moment, wo Menschen sehen, was mein Gestern war. Wer Mode designt, muss loslassen können, nicht an den Arbeiten der letzten Saison hängen. Erinnerung und Verklärtheit gegenüber der eigenen Arbeit unterbrechen den kreativen Prozess!

Präsentation von Mode heißt in meinem Fall eben nicht nur Show und Salonpräsentationen, sondern eben auch Looks, die ich für meine Corporate Fashion oder Firmenbekleidung entwerfe. Textilien brauchen, wenn sie lebendig werden sollen, Menschen. Und da ist es dann auch egal, ob es sich um ein Abendkleid für eine vornehme Dame oder um ein Kostüm für eine Stewardess handelt. Für beide gilt nur eins: Es muss perfekt sitzen und von guter Qualität sein, der Trägerin das Gefühl geben, dass der Designer an sie gedacht hat. Ein Kleid auf einem Bügel kann schön sein. Ein Kleid an der richtigen Frau kann Kunst werden.

Conchita war eines jener außergewöhnlichen Models, die in wenigen Sekunden die Menschen für sich erobern können und aus jedem Look ein Statement machen. Das ist auch für Models keine Selbstverständlichkeit, weil nicht jedes Mädchen alles tragen kann und in jedem Kleid wie eine Göttin aussieht. Ich buchte sie in Spanien und unsere erste Reise ging gleich nach Deutschland. Die zauberhafte Conchita litt unter extremer Flugangst. Fliegen gehört auch nicht zu meinen Lieblingsbeschäftigungen, aber mit einer Flugpanikerin potenziert sich mein Unbehagen ins Unermessliche. Ich habe noch nie zuvor oder danach die »in den Sitztaschen vor Ihnen befindlichen Beutelchen« so elegant zum Einsatz kommen sehen. Sie konnte laufen wie ein Engel und sich übergeben wie eine Königin. Sollte ich jemals in diese Lage kommen, ich werde versuchen, sie zu kopieren. Wer einen Tomatensaft so still in eine kleine Tüte umfüllen kann, hat Stil und Klasse. Pausenlose Fragen, »Que era este – was war das!«, und Antworten, »No es normal. Creo, que no estamos seguro«. Spanisch ist meine Lieblingssprache, es lässt sich wunderbar in ihr freuen, ärgern, meditieren und eben auch beruhigen: »Rrreeeelaajaa toodoo el cuueerppooo fiisiico, por favooor Coonchiitaa« … Noch Fragen?

Als wir dann endlich in Düsseldorf gelandet waren, küsste sie fast den Boden – und hatte in der nächsten Sekunde alle Strapazen des Flugs vergessen! »Tengo un hambre no puedes imaginar«, das heißt, sie hatte Hunger. Zu jener Zeit gab es noch keine Fahrer, die mit einem Schild am Ausgang auf mich warteten. Wir nahmen die S-Bahn und dann den Zug in Richtung Münster, um mein damaliges Büro aufzusuchen. NRW muss jetzt ganz stark sein. Conchita war der festen Überzeugung, dass wir durch den damaligen Osten fuhren. Dortmund war für sie hinter der Mauer gewesen, Gleiches gilt für Recklinghausen und leider auch für den grausigen Bahnhof in meiner sonst so wunderschönen Heimatstadt Münster.

Mein Atelier war Büro und Lager zugleich, gelegen in einem sympathischen Hinterhaus. Dort lebte ich mit meinem besten Freund, seinem von der Freundin geparkten Chihuahua »Siri« und 21 Stoffrollen harmonisch zusammen. Mein lieber studierender Freund schlug fast um, als ich mit Conchita im Gepäck den Hinterhof betrat. Die Perfekte war nicht nur ein spanischer Sonnenschein, sondern auch nicht davon abzubringen, Land und Leute im Osten kennenzulernen.

Meine geliebte Mutter kam uns in diesen Tagen im Hinterhaus besuchen. Egal wen auch immer und von wo aus der Welt ich mitgebracht hatte – es gab nicht einen Menschen, der ihr jemals missfallen hätte. Sie ist der wärmste, offenste und toleranteste Mensch, den ich in meinem ganzen Leben getroffen habe. Im Gegensatz zu meinem Vater ist meine Mutter allerdings trotz diverser Aufenthalte in meinem spanischen Zuhause in der Landessprache Spanisch nie richtig angekommen. Meine Mutter verwechselt einfach alles. Ihr Lieblingsgetränk heißt »Lumumba«. Lumumba ist ein Getränk aus heißem Kakao und Cognac. Herzlich willkommen heißt »Bienvenido« und Hallo heißt »Hola«. Meine Mutter begrüßte Conchita mit den Worten »Rabumba Rabumba«. Sie hatte da wohl etwas durcheinandergebracht, küsste Conchita aber von Herzen und bot zur Begrüßung einen heißen »Hola« an.

In den folgenden Tagen besuchten wir Kunden, am Abend wurde gekocht und die Schönheit der liebenswerten Conchita sprach sich im Freundeskreis meines lieben Mitbewohners wie ein Lauffeuer herum. Conchita wollte den kulturellen Austausch und knutschte schon am ersten Abend mit einem der herbeigeeilten Besucher, als ob es keinen Morgen gäbe. Tag für Tag wurde sie entspannter und am letzten Tag vor unserer Abreise sollte es zum endgültigen Kulturaustausch kommen.

Der Botschafter unserer Stadt kam in Form eines gut aussehenden, Motorrad fahrenden Gartenbauingenieurs, der auf den Namen Hermann hörte. »H« ist nicht der Buchstabe, der in der spanischen Sprache Beachtung gefunden hätte. Das »H« wird nicht mitgesprochen. So wurde aus »Hermann« eben »Ermann«. Ob es an Eierlikör mit Sekt oder dem ostdeutschen

Charme der Münsteraner gelegen hatte, kann ich heute nur noch vermuten. Meine schöne Conchita verführte den guten Ermann auf eine so direkte Art, dass für einen geraumen Zeitabschnitt einige Münsteraner Studenten glaubten, dass schöne spanische Models keine Angst vor spontaner Liebe haben. Die Ostdeutschen sind ja liberal, hatte sie gehört. »Ja ja, sie hatten nur Sex, FKK und die Mauer«, sagte sie. »Ganz ehrlich, wer kann schon sagen, wo bei einer Mauer davor oder dahinter ist.« Wo sie recht hat, hat sie recht. Wenn spanisches Blut nach Kulturaustausch verlangt, dann war Conchita sicher das Beispiel dafür, dass alles möglich war.

Wer billig fliegt, hat in der Regel den ersten Flug am Morgen. In unserem Fall 5:20 Uhr ab Düsseldorf. Für uns hieß das, um 2:30 Uhr in der Nacht das Haus zu verlassen. Conchita musste aus den Armen ihres Kulturaustausches gerissen werden, was nicht ganz einfach war. Die Liebe war eingeschlagen: Ermann – que guapo! Ermann hatte nichts Besseres zu tun, als ihr zum Abschied noch eine gebrannte CD von »Van Morrison« zu schenken. Conchita flog zwei Meter über dem Boden und war erst nach inständigem Bitten in der Lage, sich anzuziehen und mit mir in die Bahn nach Düsseldorf zu steigen. Ob es der Beischlaf mit dem davonbrausenden »Ermann« in Lederkluft oder das Motorrad war, spielte keine Rolle mehr. Ostdeutschland hatte einen neuen Fan und »Ermann« das Rennen für sich entschieden. »Perfektes Traumgirl«, dachte ich, aber wenn der Richtige »Hallo« ruft, ist es egal, wie lang und schön deine Beine sind, dann bist du auch nur ein Mädchen, das begehrt werden möchte. Sehr begehrt, zugegebenermaßen.

Leider folgte sie mir nur widerwillig in den Zug, vermutlich die größte Herausforderung unserer Reise. Wir sprachen kein Wort. Sie lächelte wie auf einer Wunderdroge, hörte pausenlos die Präsent-CD und sang zu meinem Leid und dem aller Mitreisenden in einer undefinierbaren Sprache die neu entdeckten Songtexte mit. Van Morrison hätte sie mit einer einstweiligen Verfügung belegt, wenn er gehört hätte, wie sie seine Songtexte verunstaltete. Sie hatte von Englisch in etwa so viel Ahnung wie meine Mutter vom Spanischen. »Hola Ramumba«. Da saß sie dann neben mir im Flieger, ein Traumgirl mit geschlossenen Augen, die Kopfhörer verborgen unter ihrer Lockenpracht. Die Anweisung, alle mitgebrachten elektronischen Geräte bei Start und Landung bitte auszuschalten, ignorierte sie einfach.

Die folgende Durchsage des Kapitäns blieb glücklicherweise von meiner summenden und verzauberten Conchita ungehört: »Meine Damen und Herren, wie vielleicht schon einige von Ihnen bemerkt haben, kreisen wir seit unserem Abflug um den Flughafen Düsseldorf. Es besteht wirklich keine Gefahr, dennoch haben wir uns dazu entschieden, wieder auf dem Flughafen zu landen und das kleine technische Problem mit dem Höhenruder reparieren zu lassen.«

Wer es einmal erlebt hat, wenn sich 280 Pauschalreisende schlagartig in Gefahr wähnen, der weiß, welche Energie da freigesetzt wird. Die gleiche Energie entwickelt sich übrigens auch, wenn 280 Getränkegutscheine verteilt werden. Die Übelkeit stieg in mir hoch und ich dachte: »Bitte nicht den Beutel!« Ich entschied mich aber dann doch dafür, Conchita vorsichtig die Stöpsel aus den Ohren zu nehmen und sie über das nahende Ende zu informieren. Die Worte »Que pasa?« fanden ihre Erlösung in einem »Wir stürzen gleich ab, Conchita!«. Conchita schaute mich mit einem verklärten Lächeln an und sagte: »No importa, Guido, no importa!«, setzte ihre Kopfhörer wieder auf und lächelte, als sei sie nicht von dieser Welt.

Wir landeten sicher wieder in Düsseldorf. Wie verließen die Maschine ruhig und entspannt, Gedränge entstand erst, als die Getränkegutscheine verteilt wurden. Eine Rettung ohne Belohnung ist schließlich etwas fad. Seit dem Tag weiß ich, dass ein »Ermann« zur richtigen Zeit auch bei einer Traumfrau alle Ängste lösen kann …

WORAN ERKENNEN SIE DIE PERFEKTE?

Diese Frau wurde mit dem Idealmaß 90-60-90 gesegnet. Amen! Wenn sie den Bürgersteig entlangstolziert, hat das Leben ihr einen nicht enden wollenden Laufsteg geschenkt. Sie hat das große Glück, fast alles tragen zu können, da ihr eben alles passt! Sie muss nur entscheiden, welche Farbe sie trägt und ob sie das Shirt in die Hose steckt oder bauchfrei knotet.

Prominente Perfekte: die begabte Scarlett Johansson, unsere super Heidi Klum und die einmalige Laetitia Casta

IHR LOOK

Ihre Oberteile

Als Perfekte sollten Sie Ihre schmale Körpermitte in Szene setzen. Ihre Blusen, Hemden und Tops sollten stark tailliert sein. Sie müssen sich auch nicht vor Mustern fürchten. Flowerprints, Polka-Dots und Paisleys sind erlaubt. Aber auch Ihr Dekolleté verdient Aufmerksamkeit. V-Ausschnitte eignen sich hervorragend dafür. Wenn Sie Ihre Kurven smart einsetzen, dabei stets hübsch lächeln, wird Ihnen der flotte Nachbarsjunge beim Brötchenholen einen Antrag machen. Aufgrund Ihrer Erscheinung werden Sie mühelos Klassensprecherin, Mannschaftskapitänin und bald wird Ihrer Karriere in Hollywood nichts mehr im Wege stehen. Bei Blazern sollten Sie auf Modelle mit einem schmalen Revers zurückgreifen. Auch für kurze Jeansjacken bei einem lässigen Freizeitlook gebe ich Ihnen grünes Licht – aber nur, wenn Sie das Denimstück offen tragen. Pullover aus grobem Strick und Oberteile mit viel Schulterpolster sollten

Sie ignorieren. Sie sind für Ihre weiblichen Kurven der Staatsfeind Nummer eins. Sie tragen nur auf, obwohl das etwas Mehr Ihrer Form nicht wirklich gefährlich wird. Wenn eine Ihrer schönen Schultern hervorblitzt, wer kann da widerstehen.

Ihre Unterteile

Ihr Lieblingsmodell in der Rockwelt ist der Pencilskirt. Mit seiner hohen Taille, einem seitlichen Verschluss und knielang wurde er für Frauen wie Sie entworfen. Glockenröcke, die ab der Hüfte ausgestellt sind, überlassen Sie bitte anderen Frauen. Natürlich können Sie sie dennoch tragen, aber diese Rockform tut nichts für Sie! Toll für Sie sind High-Waist-Pants, Marlene-Hosen mit hohem Bund oder Jeans mit leicht ausgestelltem Bein, kleine Shorts oder knallenge Röhren. Alles, was Ihre Beine breit und kurz macht, sollten Sie meiden: Querstreifen, große Camouflage. Aufgesetzte Taschen auf Po und Oberschenkeln bitte nur bei der Bundeswehr, der Handwerkerzunft oder eben als Malermeisterin!

Ihre Kleider

Für ein Businessmeeting oder ein Dinner mit Freunden sollten Sie sich unbedingt Wickelkleider in allen Variationen kaufen. Die schmale Taille dieser Kleider, die durch die Raffung über der Hüfte entsteht, ist wie gemacht für Sie. Aber auch das klassische Etuikleid in unauffälligen Farben ist eine sichere Bank. Wer regelmäßig Sport treibt, kann auch in ein hautenges Bodyconkleid schlüpfen. Darin glänzen Sie aber nur ohne ein Gramm Fett zu viel. Wer doch kleine Schwachstellen hat, besonders am Hintern, entscheidet sich lieber für ein enges Kleid mit eingelassenen Schößen, das sich schmeichelhaft über den Hüftansatz legt. Elegante Cocktailkleider und Ballroben sollten unbedingt obenrum eine Korsage haben und untenrum viel fließenden Stoff.

Ihre Accessoires

Mittellange Ketten, die Ihrer schmalen Körpermitte nicht die Show stehlen, sind perfekt für Sie. Statementketten lassen Sie besser liegen, da sie Ihre schönen Proportionen unterbrechen. Sie sind die Frau für den schönen Anhänger und kleine Kettchen, wahlweise mit Marienkäfern. Ein kleines Accessoire mit viel Wirkung ist ein dünner Taillengürtel in Gold, Schwarz oder Dunkelblau.

Ihre Schuhe

Als die Frau mit dem sinnlichsten Körper unter den Figurtypen brauchen Sie natürlich auch einen Schuh, der nach Leidenschaft und etwas Erotik aussieht. Ich empfehle Ihnen spitze Pumps mit mindestens 7,5 Zentimeter hohen Absätzen. Die strecken auch noch Ihr Bein. Aber bitte auch keine Angst vor noch höheren Pumps – sollten Sie wirklich mal ins Stolpern kommen, dann werden Sie sich mit Ihrem geschmeidigen Körper schnell wieder in eine sichere Lage bringen können.

Ihr Beauty-Look

Was haben Sie mit Scarlett Johansson gemeinsam? Richtig, die Figur. Warum sich also nicht auch an dem Beauty-Look der Schauspielerin orientieren? Die Blondine betont gerne mit intensiven Farben ihre Lippen – das macht auch Sie unwiderstehlich. Bei schmalen Lippen orientieren Sie sich an Heidi Klum und betonen Ihre Augen.

STYLING-TIPPS FÜR …

… den Tages-Look

Auch tagsüber sollten Sie Ihre Kurven betonen. Für einen spontanen Brunch mit Ihrer besten Freundin tragen Sie am besten eine Bootcutjeans mit einem taillierten Hemd, bei dem Sie die ersten drei Knöpfe offen lassen.

… den Business-Look

Eine schlichte weiße Bluse und ein dunkelblauer Bleistiftrock sind Ihr Look fürs Büro. Dazu tragen Sie noch eine mittellange Kette und dunkle Pumps mit Pfennigabsätzen.

… den Party-Look

Mit einem schicken schwarzen Etuikleid und einem goldfarbenen Taillengürtel machen Sie nichts falsch, aber auch kurze aufregende Cocktailkleider sind für Sie und Ihre Figurgenossinnen wie gemacht. Dazu tragen Sie noch eine coole Clutchbag und schon werden Sie an diesem Abend mit Komplimenten überhäuft.

… die Sommersaison

Ein Trianglebikinitop betont Ihre schmale Taille. Achten Sie aber beim Kauf der Bademode darauf, dass das Top Ihrer Brust auch Halt gibt. Und bitte wackeln Sie am Strand hin und her – zur Freude aller! Sozusagen als Stellvertreter für all die, die das so gern tun würden, aber gerade ein Eis schlecken.

... die Wintersaison

Der perfekte Wintermantel ist ein Modell, das Ihre Taille betont oder schmal geschnitten ist. Damit Sie vor eisigen Temperaturen geschützt sind, muss der Mantel ein dickes Futter haben. Auch Cardigans aus feinem, dünnem Kaschmir sind eine gute Wahl. Keine Angst vor Stepp und Wattierungen, großen Krägen und aufgesetzten Taschen.

DON'T FORGET FÜR DIE PERFEKTE

Nichts geht bei Ihnen über ein schönes Dekolleté. Bevorzugen Sie also Oberteile mit V-Ausschnitten. Ignorieren Sie aber Tops und Hosen mit aufgenähten Taschen. Um kleine Akzente zu setzen, die Ihren Look abrunden, sind seitliche Verschlüsse, vertikale Knopfleisten und Rockschlitze eine gute Lösung. Bitte heiraten Sie einen Traummann!

DIE KLEINE ELFE

»Der Elfentyp kann bis ins hohe Alter etwas Mädchenhaftes haben und, wenn er Flügel hätte, einfach wegflattern!«

Der Elfentyp ist von Haus aus feingliedrig. Man möchte diesem Frauentyp noch im hohen Alter die Brust reichen oder das so zarte Frauchen auf den Schoß nehmen und in den Schlaf wiegen. Klein, zart und unschuldig kann er aber auch manchmal sehr biestig und grob sein. Manchmal wohnt eine kleine Elfe in einem sehr großen Haus und braucht, um das Ende des Grundstücks zu erreichen, eine Mitfahrgelegenheit.

Sobald ich an diesen Figurtyp denke, kommt mir nur eine Vertreterin dieser Gattung in den Sinn. Es handelt sich bei dieser Dame um ein »Meisenkaiserchen«, das eine große Villa im Norddeutschen, ihren Elfenbeinturm, aufgebaut hatte. Das zarte Wesen schwebte so leicht, dass ich mich nicht gewundert hätte, wenn es bei einem leichten Luftzug davongeflogen wäre. Diesem leichten Wesen gehörte auch ein Ehemann von großer, hagerer Statur an. Typ: Stabhochspringer in Rente. Er hatte, wie seine Frau, feine Züge, einen kleinen Buckel vom Zu-früh-zu-groß-Werden oder dem Studium von diesem und jenem. Der Scheuermanntyp lässt grüßen. Vermutlich hat aber auch die Distanziertheit seiner Elfe ihn nicht gerade fröhlicher und aufrechter werden lassen.

Das kleine »Meisenkaiserchen« liebte Mode, trug aber alle meine Kreationen ausnahmslos privat in den eigenen vier Wänden. Gesellschaftlicher Anschluss, Festivitäten und Einladungen waren ihr ein Gräuel. »Ich bin so gern privat«, pflegte sie zu sagen. Der Ehemann hatte sich wohl oder übel darauf eingestellt. Die Ehe ist eben manchmal mehr »-schaft« als optimaler »Partner-«.

Bei all meinen Anproben saß er brav wie ein Pennäler im Vorzimmer zu ihrem Schlafzimmer. Er las unzählige Bücher, die schwer in den Händen lagen, sodass ihm der curryfarbene Ledersessel als Unterarmstütze diente. Leider tat der Gelbton des Sessels absolut nichts für seine Erscheinung. Oft dachte ich, wenn der Sessel gewinnt, wird er gelb wie ein Ikterus im Hepatitis-Endstadium und vom Sessel resorbiert.

Der Ankleideraum der Hausherrin war für meinen Geschmack etwas zu dunkel eingerichtet, aber von imposanter Größe. Unzählige Fächer, Schubladen, Hängeschränke und erlesene Zedernholztüren verbreiteten den Duft von »Hier lebt textile Verantwortung«. In diesem Klima war kein Platz für Motten, hier konnte Couture frei und mit Würde hängen. Der Duft dieses wunderbaren Holzes ist für mich etwas ganz Besonderes. Einige frisch geschnittene Zedernholzscheiben in der Wäsche oder, wie im Fall meines Elfleins, ein ganzes Ankleidezimmer aus dem einzigartigen Holz ist das Beste, was Sie für Ihre Kleidung tun können. Ich liebe es, wenn Ordnung auch noch gut riecht.

Die Elfendame war stets in einem malvenfarbenen bodenlangen Seidenhausmantel gekleidet. Jene Kreation war das Erste, was sie aus meinem Hause erworben hatte. Der Beginn unserer textilen Partnerschaft, unsere »Verlobung«. Sie hatte eine perfekte Figur, schmale Beine, einen fast mädchenhaften Busen, feingegliederte Finger und Arme. Eisgraue Augen und traumhaftes Haar, um die sie jeder Filmstar beneidet hätte. Ihr Haar war so glänzend und gesund, in einem warmen Blondton, schulterlang und immer zu einer tadellosen Frisur gesteckt. In der ganzen Erscheinung hinreißend, dabei aber kühl wie ein Koi im Gartenteich. Ich habe sie nie essen oder trinken sehen, obwohl sie mich bei den Anproben mit Butterkeksen und heißer Schokolade mästete. Einmal habe ich mit Bleistift in den Innensaum ihres Mantels »bitte nicht füttern« geschrieben …

Die kleinen und eigenwilligen Frauen halten sich oft an sich selbst fest. Vermutlich eine Eigenschaft, die sie groß werden lässt. Wer jemals einen kleinen Hund beobachtet hat, der einen Großen seiner Gattung trifft, weiß, warum der Volksmund so treffend sagt: »Klein, aber oho.«

Oho waren auch alle Materialien, die ich für sie verarbeiten durfte. Exklusive Seide in matten Malventönen, blassgraue Wollkostüme, vergessenes Seegrün aus feinster Baumwolle für Sommerblusen und -kleider, lindenblütengelber Jersey für Röcke und kurze Blazer. Die Verbindung von all den außergewöhnlichen Farben ist mir immer noch so sehr in Erinnerung, dass ich manchmal geneigt bin, eine Winterkollektion nur in diesen Tönen zu arbeiten. Ob der Markt sie annehmen wird, ist allerdings ziemlich fraglich. Elfenmode steht leider nicht allen.

In meiner Erinnerung kann ich rückblickend sagen, dass ich die kleinen Momente mit ihrem Mann anfangs, vor der Tür, mehr genossen habe als die oft stundenlangen Anproben mit der Elfe des Hauses. Sie liebte Mode, hatte aber eher ein distanziertes Verhältnis zu ihrem Körper. Er war ihr nicht perfekt genug. Erstaunlicherweise sind doch die, die von der Natur alles bekommen haben, eben auch manchmal die, die Angst haben, wieder alles zu verlieren.

Leider war das Adjektiv »perfekt« nicht gerade die treffendste Bezeichnung für die Verbindung der beiden Eheleute. In dieser Phase meines jungen Designerlebens gab es noch keine Assistentinnen, keine Direktricen, keine Büros und Nadelmädchen, die die hilfreiche Hand spielten. Es gab nur mich an der gesamten Textilfront. Die Mission war eine stoffliche. »Kreuzritter der Mode sind Sie, lieber Herr Guido«, pflegte ihr Mann zu sagen. Oder: »Das wissen Sie schon, dass meine Frau Sie sehr schätzt, Herr Guido, oder?« … Der »Herr Guido« wusste sehr genau um die Verbundenheit zu seiner Frau, deren Zuneigung ihm scheinbar seit Jahren nicht mehr zuteilgeworden war.

Sie umarmte mich nur beim Abschied, zur Begrüßung senkte sie den Kopf ein wenig, lächelte mich an und berührte mit einem Finger meine Hand. Eine seltsame Art, »Herzlich willkommen« zu sagen. Unsere ruhigen, kontemplativen Anproben hatten immer etwas von einem stillen Einverständnis. Sie empfing, ich bediente, er kommentierte vor der Tür. Jedes von mir gearbeitete Modell wurde im Vorraum gelagert. Es geschah nicht selten, dass ich beim Hereintreten den Gatten vorfand, die Hände in meinen Kleidern vergraben.

Er benahm sich immer wie ein kleiner Schuljunge, der beim Schummeln erwischt wurde. Er fragte mich: »Wie sind ihre Beine, Herr Kretschmer? Sind die Oberschenkel noch fest und ist ihr Busen noch zart und ist sie noch so schön in ihrer Wäsche, wie ich sie in Erinnerung habe?« Seine Fragen öffneten mir seine Seele und erzählten von der Sehnsucht nach seiner Frau und der fehlenden Nähe. Der Umstand, dass er sie wohl seit Jahren nicht mehr in Wäsche beziehungsweise nackt gesehen hatte, war beschämend und traurig zugleich. »Ein Traum auf zwei Beinen ist Ihre Frau«, sagte ich ihm einmal. »Oh danke, Herr Guido«, sagte er, »danke, danke.« Seine Fragen kamen oft so unverhofft wie direkt. Zwei Sehende, die blind füreinander geworden waren. Die Elfe wusste um den Umstand der intimen Fragen sowie um das Tätscheln der Kleider. »Was wollte er schon wieder von Ihnen wissen?«, war die Frage, die immer öfter zwischen Saum und Schlitz passte. »Er soll die Kleider nicht anfassen. Sagen Sie ihm das bitte.«

Das Meisenkaiserchen ließ sich ausschließlich Kostüme und Kleider fertigen. Ich habe sie nie in Hosen gesehen. Die kleinen Elfentypen behalten häufig auch bis ins hohe Alter etwas Mädchenhaftes. Sie können wunderbar schmale Silhouetten und zarte Töne tragen. Aber auch in »kleiner schwarzer Strenge« geben sie eine gute Figur ab. Wenn es einen Typ Frau gibt, der das kleine Schwarze verdient hat, dann der Elfentyp. Diese Frauen haben die Kraft, einen Look so souverän zu tragen, dass sie ihr Umfeld damit verzaubern können.

Ob die beiden einer Beschäftigung nachgingen, kann ich beim besten Willen nicht mehr sagen. Auch konnte ich das Paar nicht einordnen, ob sie alt oder schon sehr alt waren. Sie waren so einzigartig wie ihr Haus, ihr Leben und ihr Miteinander. Ich habe dem seltsamen Gespann viel zu verdanken. Weil die stetigen Aufträge mir halfen, mich langsam auf sichere Beinchen zu stellen. Wir drei waren uns über die Zeit vertraut geworden. Eine textile »Ménage-à-trois«. Der Ehemann begrüßte mich mit einer Hand und zweiter, die oben auflag. Ich mag es, die Hand gedrückt zu bekommen und die andere wird gleich oben draufgelegt, um den Bund des Vertrauens noch zu besiegeln. Egal was Menschen über Naomi Campbell sagen mögen: Sie hat bei unserem ersten Treffen ihre zweite Hand auf die meine gelegt. Da wusste ich, sie kann kein Biest sein. Zumindest nicht in diesem Moment …

Die zarte Elfe lächelte immer etwas zu lang, damit wollte sie sagen: »Schön, Sie hier zu haben.« Ich verstand ihre Geste und die Unzulänglichkeit, es nicht mit Worten ausdrücken zu können. Das Schöne an meiner intensiven Atelieranfertigungsphase war auch der Umstand, die Kunden in ihren Häusern und Wohnungen besuchen zu dürfen. Ein Zuhause ist eben auch ein Spiegel der Seele, um zu erfahren, wer der Mensch ist hinter der Kundin und dem Wunsch, sich textil erleben zu dürfen.

Auch ein Hotelzimmer kann Daheim sein, wenn Menschen dort wohnen, die da angekommen sind, und wenn es nur für eine Nacht ist. Mittlerweile wohne auch ich in so vielen Hotelzimmern. In Minuten und mit wenigen Handgriffen sind Bilder abgehängt, Bettbezüge gewendet und meine Fotos und Kissen verheißen Kur-Zeit zu Hause. Nie betrete ich ein Hotelzimmer ohne »Hallo Zimmer« zu sagen, beim Verlassen vergesse ich nie ein »Danke«. Denn wenn ich nicht Danke sage, war es im seltensten Fall meine letzte Nacht. Wer mich behütet und wieder freilässt, kann meine Dankbarkeit erwarten, das bedeutet für mich eben auch, es immer tipptopp zu hinterlassen. Ich bin froh, dass nicht auch noch eine Waschmaschine im Bad steht, ich würde vermutlich noch schnell die Handtücher durchwaschen.

Die Elfe und ihr Mann teilten sich ein großes Zuhause. Sie wohnte vermutlich im Ankleidezimmer und er in ihrem Vorzimmer. Ich habe nie andere Räume dieses großen Anwesens betreten dürfen.

Ein zimtfarbenes Seidenkleid mit kleiner Schleppe und Strassträgern entzückte ihn so sehr, dass er erstmals darauf bestand, der Anprobe beiwohnen zu dürfen. Die Elfe protestierte anfangs vehement und gab dann aber nach, mit der Einschränkung, dass er vor dem Paravent sitzen bleiben müsse.

Ich rief ihn herein, er strahlte und »Götterbote Guido« wurde von jenem Tag an meine Anrede des Hausherrn. Er strahlte und blieb brav sitzen. »Die Mode gehört mir allein«, sagte sie leise zu mir. »Er soll sie mir nicht wegnehmen.« Was da zwischen den beiden schiefgelaufen war, sollte ich zu diesem Zeitpunkt noch nicht erahnen. Die beiden verband dennoch ein seltsames Band von Respekt und Distanziertheit, Zuneigung und die Liebe zu Genähtem. Seit diesem Tag wusste ich: Er liebte nicht sie, sondern das, was sie trägt. Sie tragen darf. Er liebte nicht etwa die Frau, die dem Kleid ihren Körper lieh.

Sie wirkten wie ein Geschwisterpaar, das zu früh seine Eltern verloren hatte. Wie an jedem Anprobenachmittag brachte er mich zur Tür. Er reichte mir seine Hand mit den Worten: »Mein lieber Götterbote, es würde Ihnen doch nichts ausmachen, das zimtfarbene in meiner Größe zu fertigen, eine Größe 42 würde passen. Und sagen Sie meiner Frau bitte nicht, dass ich jetzt auch bei Ihnen arbeiten lasse, Herr Guido.« »Herr Guido« legte Hand auf Handrücken und sagte: »Kein Problem, lieber Herr Meisenkaiserchen, meinen Kleidern wäre es eine Freude, Ihnen eine Freude bereiten zu dürfen …«.

Von dem Tag an fertigte ich für beide. Sie hat den Wunsch nie geäußert, einer seiner Anproben beiwohnen zu dürfen.

WORAN ERKENNEN SIE DIE KLEINE ELFE?

Sie ist ein fragiles Geschöpf, das gerne ganz leise durch den Raum schwebt. Ihre Figur ist ein Traum für viele Frauen, denn die Elfe ist klein und sehr zierlich. Ihre Figur wirkt dank ihres flachen Pos und ihrer kleinen Brust besonders zerbrechlich.

Prominente Elfen: »The« Sarah Jessica Parker, Superwoman Kylie Minogue, das lecker Mädchen Sylvie van der Vaart

IHR LOOK

Ihre Oberteile

Als zarte Elfe müssen Sie sich etwas Volumen herbeizaubern. Das gelingt Ihnen am besten mit überschnittenen Blusen, Puffärmelchen und nicht allzu langen Fledermausärmeln. Kurze Jacken und Boleros strecken Ihren Oberkörper und sind ein wunderbares Hilfsmittel, wenn Sie Ihrer Figur ausgeglichene Proportionen geben möchten. Taillierte Blazer lenken geschickt von Ihrem flachen Po ab. Schrecken Sie auch nicht davor zurück, tiefe Ausschnitte und auffällige Kragen mit Schluppen und Rüschen zu tragen. Einen großen Bogen sollten Sie als zarte Elfe um Rundkragen machen, denn die verkleinern Ihren Oberkörper ungewollt.

Ihre Unterteile

Beim Hosenkauf sollten Sie beachten, dass Sie weite Modelle besonders schlaksig und dünn wirken lassen. Stattdessen sollten Sie enge Röhrenjeans tragen. Auch Hosen mit einer leichten Überlänge oder einem hohen Bund sind wie für Sie gemacht. Eine gerade geschnittene Hose mit einer kleinen Zierbiese in zarten Pudertönen sieht an Ihnen oft perfekt aus. Mit einer zarten Elfenfigur stehen Ihnen übrigens auch Miniröcke und Shorts traumhaft gut.

Ihre Kleider

Weit geschnittene Kleider ruinieren Ihre zierliche Figur, der es gerne mal etwas an Kurven fehlt. Schmale Etuikleider, mit zarten Raffungen an Schulter und Hüfte, sind für Ihren Figurtyp sehr zu empfehlen – er zaubert Formen auf Ihren filigranen Körper. Aber auch Cocktailkleider mit Schößchen formen Ihren Körper und schummeln Ihnen etwas Hüfte herbei. Ein Kleid, das die gleiche Farbe wie Ihre Strumpfhose und Schuhe hat, streckt Sie gleich um fünf Zentimeter – versprochen!

Ihre Accessoires

Großer Armschmuck, schwere Ketten und auffällige Cocktailringe passen nicht zu Ihrer XS-Figur. Sie fahren besser mit filigranen Ketten und zarten Armbändchen, Diamanten, Perlen. Kleine farbige Edelsteinchen sind, wenn filigran gefasst, an Ihnen göttlich. Die Tote-Bag lassen Sie lieber in der Boutique und investieren in eine zarte Clutch. Sie und die kleine Tasche werden mit Sicherheit ein tolles Team. Für etwas mehr Volumen an den Hüften kann ein eleganter Taillengürtel sorgen.

Ihre Schuhe

Kleine Frauen wie Sie sollten unbedingt auf klassische Pumps mit unterschiedlich hohen Absätzen setzen. Wenn Sie eine Heel-Expertin sind und einen Marathon auf 12,5 Zentimeter laufen können, dann zögern Sie nicht. Alle anderen Elfen können natürlich auch nicht ganz so hohe Pumps tragen – wichtig ist nur, dass überhaupt ein Absatz da ist. Sollten Sie aber Ballerinas lieben, dann tun Sie gut daran, denn dieser Schuh wurde für Sie entworfen. Audrey Hepburn konnte ihn sicher nicht besser tragen als Sie. Im Winter sollten Sie insgesamt eher klassisch unterwegs sein. Zeitlose Winterstiefel ohne viel Chichi passen wunderbar zu Ihnen – im Gegensatz zu Overknee-Boots, die sind für Sie ein No-Go. Wenn Sie sportlich-rockig sind, greifen Sie zu rockigen Ankle-Boots mit Nieten und kleinen Schnallen.

Ihr Beauty-Look

Lange offene Haare, die unglamourös runterhängen, sollten Sie als Elfe meiden. Nehmen Sie sich morgens lieber fünf Minuten mehr Zeit und stylen Sie Ihre Mähne. Denn eine Hochsteckfrisur oder ein klassischer Pferdeschwanz können Sie geschickt größer wirken lassen. Ihr Make-up-Look sollte ebenso zart wie Ihre Figur sein. Ein heller Porzellanteint mit langen Wimpern und einem glänzenden Nude-Gloss steht Ihnen hervorragend. Für etwas Frische sorgt ein hellrosafarbener Rouge.

STYLING-TIPPS FÜR ...

... den Tages-Look

Für die perfekte Freizeitfigur tragen Sie am besten eine enge, leicht hochgekrempelte Jeans und einen leichten Pullover oder ein Twinset. Ich denke, das Twinset wurde für Sie erfunden. Den Coolnessfaktor schaffen lässige Slipper, die farblich auf die Hose abgestimmt sein sollten. Zarte Hemdblusen in Pudertönen, aber auch Weiß-und-Schwarz-Kontraste werden Sie nie enttäuschen, solange die Jacken klein sind und die Form schmal. Sollten Sie Leder lieben – ich empfehle Ihnen Wildleder, da seine weiche Struktur Ihre Zartheit nur noch unterstreicht.

... den Business-Look

Ein knielanges Kleid in Schwarz oder Dunkelgrau verleiht Ihnen Stärke und Seriosität – nicht die schlechtesten Eigenschaften für ein gutes Auftreten im Job. Um nicht zu nackt zu wirken, kombinieren Sie einen taillierten Blazer und schlichte Pumps dazu. Der Elfentyp muss immer guten Schmuck tragen – nicht zu viel, aber von guter Qualität. Eine Elfe sollte Perlen tragen!

... den Party-Look

Ein helles knielanges Hängerchen im Layering-Look ist mein Tipp für zarte Elfen, die das Tanzbein schwingen möchten. Dazu tragen Sie am besten schlichte Pumps in einem ähnlichen Farbton und eine auffällige Clutch.

... die Sommersaison

Zarte Elfen sind ein herrlicher Anblick am Strand. Besonders wenn Sie Ihren zerbrechlichen Körper in einen knappen Triangelbikini packen. Auch ein raffiniert geschnittener Sonnenhut und eine elegante Brille machen sich immer gut bei Ihnen. Und sollte ein Sommerregen Ihren Weg kreuzen, sind Sie die perfekte Frau für einen kleinen Regenschirm. Die anderen werden nass – Sie bewundert!

… die Wintersaison

In der kalten Jahreszeit können Sie mit einem dicken Daunenmantel und Ankle-Boots punkten. Der dicke Kälteschutz trägt bei Ihnen nicht auf. Ein praktisches Accessoire, das Sie auch optisch wieder etwas vergrößert: eine Pudelmütze aus Wolle. Für die klassisch-elegante Elfe sind schmale Mäntel in Dunkelblau oder Softtönen mit geraden Knopfleisten, kleinen Stehkrägen sowie raffinierten Nähten die optimalen Partner. Wichtig nur: Die Elfe sollte beste Qualität tragen. Klein, aber oho!

DON'T FORGET FÜR DIE KLEINE ELFE

Für zarte Geschöpfe eignet sich der Colour-Blocking-Trend überhaupt nicht. Er staucht Ihren kompletten Körper. Achten Sie darauf, dass Sie als Elfe nicht in Ihrer Kleidung verschwinden. Das wäre jammerschade, denn Sie sind mit Ihrer zierlichen Figur immer wieder ein echter Hingucker.

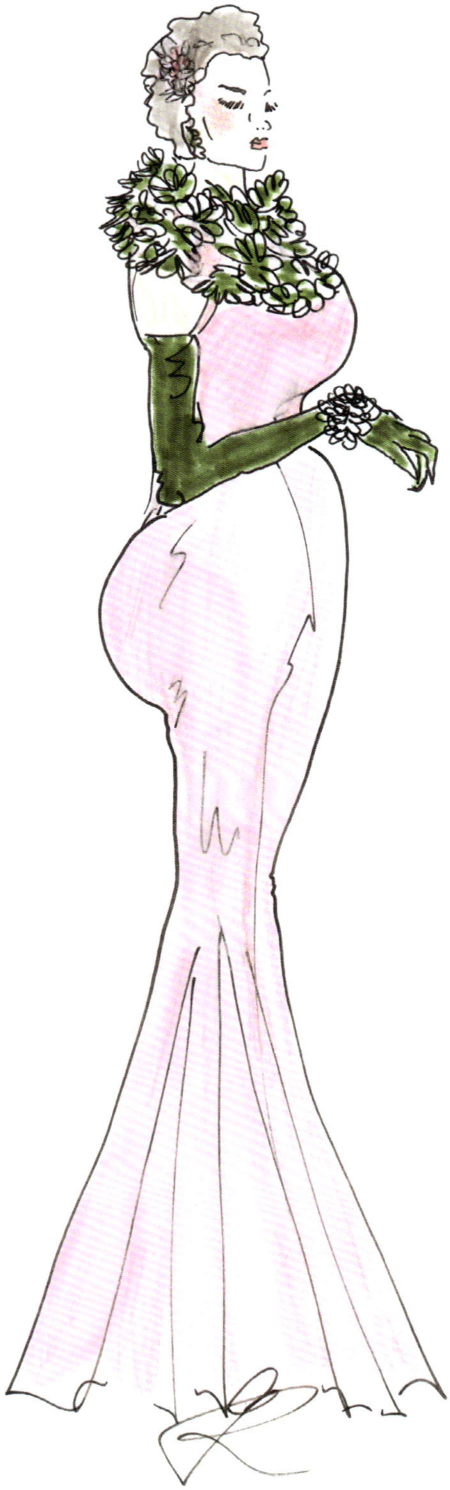

DIE VON-ALLEM-ETWAS-ZU-VIEL-FRAU (OBEN UND UNTEN FAIR VERTEILT)

»Die Wahrheit und das Wunderbare an diesem Figurtyp ist, dass eine Perfekte unter ihrer Hülle schlummert!«

Fluch und Segen liegen so oft beieinander! Zum Beispiel wie ein Airbag, der im günstigsten Falle zum richtigen Moment aufgeht oder aber manchmal den zu Schützenden erschlägt. Unser Körper hat zu unser aller Leidwesen an Stellen Airbags, wo sie wirklich keinen Sinn machen. Ein dicker Hintern mag ja noch im weitesten Sinne im Bereich des Vertretbaren liegen. Es sitzt sich vermutlich etwas bequemer, sonst wäre der Umstand nicht zu erklären, dass den Dünnen nach 10 Minuten im Kino der Hintern wehtut, während der Gepolsterte die zweite Portion Popcorn vernichtet.

Große Brüste haben ihre Daseinsberechtigung – zumindest wenn die Ernährung der nächsten Generation Ihre Intention sein sollte. Oder wenn das Gegenüber auf jeden Fall mitbekommen soll, dass es sich hierbei um ein Weibchen handelt. Auch der Bauch mag noch ein, zugegebenermaßen eingeschränktes, Anrecht auf Existenz haben, wenn er zum Schutze der Bauchorgane dienen sollte. Was natürlich völliger Quatsch ist, denke ich gerade, sonst wären ja, wie im Brustraum, Rippen als Verstärkung und Schutz designt worden. Stellen wir uns doch einmal vor, wir hätten anstatt eines Bäuchleins ein zweites Rippenpaket. Lambada, Rhythmische Sportgymnastik und Sit-ups wären uns erspart geblieben. Aber warum Oberschenkel, Oberarme, Wangen und Rücken, bei einigen sogar der Hals unförmig werden, ist eines der vielen Rätsel der Natur. Gesegnet ist sicher, wer gleichmäßig zunimmt. Ein Vorteil ist sicher auch, dass es nur langsam voranschreitet. Die Welt braucht etwas länger, um den bösen Satz zu sagen: »Du hast aber auch etwas zugenommen.« Wenn eine Frau im Laufe ihres Lebens gleichmäßig zugenommen hat, oben wie unten, an manchen Stellen etwas zu viel, aber gerecht verteilt, dann gehört sie vielleicht zu der populärsten Kategorie: der Von-allem-etwas-zu-viel-Frau.

Die Tatsache, dass ich in all den Jahren, in denen ich mit Mode arbeiten durfte, unzählige Frauen eben dieses Typs kennengelernt habe, macht die Auswahl der richtigen Protagonistin äußerst schwierig. Wer bei der Verteilung an fast allen Stellen zweimal »Hier!« gerufen hat und das heute auch im Restaurant noch tut – der darf sich nicht wundern, wenn das dicke Ende geliefert wurde. Nachschlag bleibt Nachschlag. Die Wahrheit und das Wunderbare an diesem Figurtyp ist aber, dass eine Perfekte unter ihrer Fülle schlummert. Vielleicht ist es die Gnade des Alters, dass die Perfekte sich unter der etwas zu groß gewordenen Haut verstecken darf.

Die Dame, von der ich hier erzählen werde, ist eine »Frau Maysenkaiser«, die gern etwas zu viel hatte, aber eigentlich mit etwas weniger glücklich geworden wäre. In ihrem Leben, in ihrem Schrank und vermutlich auch in ihren Erinnerungen. Das Wunderbare an meinem Beruf ist, dass Mode von Menschen getragen wird, die manchmal ihr Herz und ihre Seele weit aufmachen. Wenn einmal die Hosen und Röcke fallen gelassen wurden, entsteht eine Verbindung, die manchmal mit der eines Hausarztes oder Therapeuten zu vergleichen wäre.

Unzählige Geschichten und Geheimnisse sind gut bei mir aufgehoben. In Anonymität leben jetzt einige dieser Menschen und meine Erlebnisse mit ihnen weiter. Ich setze ihnen kleine Denkmäler aus Worten, die Geschichten zeigen meine Zuneigung und Wertschätzung.

Nicht jede meiner damaligen Anfertigungskundinnen war auch vermögend. Es gab immer wieder auch Damen, die genau überlegen mussten, was und vor allem aus welchem Material der textile Traum gefertigt werden sollte. »Die Maysenkaiser« dieser Geschichte war bei unserem ersten Treffen sicher schon Anfang 70. »Eine stattliche Figur« hätte ihre Erscheinung sicherlich treffend beschrieben. Sie trug ihr Haar hochfrisiert, in Perlgrau mit einem leichten Violettschimmer, der noch an Blond erinnern mochte. Wobei wir auch schon bei ihrer Lieblingsfarbe wären. Ein Leben in und mit eben jenem Ton, der nicht blau und nicht grau ist und nicht hell, auch nicht dunkel, der etwas Oma ruft, aber auch Mädchen, und der etwas Leichtigkeit verspricht: Violett. Tatsache war: Der Ton stand ihr gut, obwohl er sie viel dicker erscheinen ließ, als sie wirklich war. Violett war also nicht gerade ihr perfekter Partner, wie so einiges in ihrem Leben nicht perfekt gelaufen war. Sie wohnte in einer kleinen, sehr gepflegten Wohnung. Alles in diesem Ambiente war in den späten 70er-Jahren angeschafft worden. Es war etwas altbacken, nicht stylisch, wie dieser Look der 70er in Form von Möbeln und Dekor vermuten ließe. Es handelte sich hier eben um die bürgerliche Variante von mittelmäßiger Qualität. Wie ein Jugendzimmer aus jener Zeit, das sich selbstständig gemacht und den Rest der Wohnung übernommen hatte. Als wäre eine 14-Jährige im Jahre 1975 schlagartig allein gelassen worden und hätte dann ihr Jugendzimmer in der Wohnung verteilt.

Ihre Garderobe war gut sortiert, tadellos gepflegt und, wie alles um sie herum, für die Ewigkeit konserviert. Die Bettwäsche in ihrem Kleiderschrank war perfekt geplättet und diente als Schutzwall für ihren Schatz.

Die blassblaue Samtkiste hatte verstärkte Ecken aus goldfarbenem Metall. Ein kleines Vorhängeschloss aus rubinroter Emaille, das mehr an eine Kinderschatztruhe als an eine Schmuckschatulle erinnerte. Rückblickend muss ich gestehen, dass ich es nie mochte, mit Damen in Schlafzimmern zu sitzen und mir ihre Schätze zeigen zu lassen. Es hatte immer so etwas Intimes – kam mir oft zu nah, ich wollte nie Verbündeter sein in diesem Schauen-Sie-mal-was-ich-alles-so-habe-Spiel. Schmuckschatullen brauchen Intimität! Ich kann nicht gut auf einer gemusterten Tagesdecke sitzen und mir Juwelen anschauen und Applaus spenden. Schmuck gehört getragen zur Freude aller oder ausgestellt in Vitrinen, zum Träumen präsentiert für vorbeilaufende Passanten. Er gehört gut behütet in Schachteln und Etuis und soll die Trägerin glücklich machen, egal ob am Hals oder in ihrer Erinnerung. Der Ausspruch »Das ist ein Erbstück meiner Mutter« macht mich oft eher traurig. Etwas aus der Erbmasse bedeutet eben auch, dass ein Erblasser sterben musste. Warum Menschen so gerne erben wollen, ist mir unbegreiflich. Ich will mit Menschen, die ich liebe, so lange leben, wie es eben geht, nicht mehr und nicht weniger. Wenn das Letzte, was an sie erinnert, ihre Hinterlassenschaft ist, ist es keine wirkliche Freude. Es gibt unzählige Geschichten von Menschen, die besser gemeinsam den Verlust eines Menschen betrauern sollten, anstatt sich in Erbstreitigkeiten aufzureiben.

Meine Frau Maysenkaiser lebte in Violett, allein und im Gestern. Ich habe nie mehr eine Frau getroffen, die so sehr in der Erinnerung an die guten alten Zeiten weilte wie sie. Die

Anfertigung stellte sich beim Hausbesuch als Umarbeitung eines Mantels heraus und, falls noch möglich, eine Neuanfertigung eines fliederfarbenen Kleides. In der Regel habe ich solche Aufträge nie angenommen. Dieser Nachmittag hat sich fest in meine Erinnerung gebrannt: Da war der Duft ihres Parfüms, Mitsouko von Guerlain. Und auch das Rascheln des gefalteten Seidenpapieres ist mir bis heute im Gehör. Die in Kästchen verpackten Erinnerungen waren fein säuberlich verstaut. Die aufbewahrten Zeilen des Absenders zeugten von der Wichtigkeit dieser kleinen Nachrichten und der Kraft der Worte, die wie ein Echo in ihr nachhallten. Vielleicht hatte mich das Leben an jenem Tag nur aus einem Grund an diesen Ort geschickt. Ich sollte stiller Bewunderer, Zeitzeuge sein für die Fülle und Zuneigung, die sie in ihrem Leben in Form von Schmuck erhalten haben mochte. Es hatte etwas sehr Rührendes, wie sie in ihrer gerecht verteilten Fülle in Miederwäsche und -hemdchen alle Türen ihrer Erinnerung auf einmal aufriss, um mich daran teilhaben zu lassen. Wie sie mir so viel Vertrauen schenken konnte, war mir unbegreiflich. Wo hatte sie nur gelernt, so zu vertrauen? Ich bin sicher der Typ Mensch, der gerne erzählt und auch als recht kommunikativ zu bezeichnen wäre. Ich weiß jedoch, wann ich zuhören und Raum geben muss für die Geschichten des Gegenübers. Es ist wichtig, Menschen Zeit zu geben, damit sie ihr Herz öffnen können und eben auch die Möglichkeit haben, Gelebtes zu verarbeiten.

Meine Frau Maysenkaiser öffnete ihre Kisten und Schatullen und las mir aus den kleinen Grußkärtchen vor, die mit Heftzwecken an den Innenseiten der Deckel befestigt worden waren. »Walter. In Liebe, Walter. Du mein Sonnenschein. Ich, Dein Walter …« Jener »Walter« hatte eine geschwungene und fein säuberlich lesbare Schrift. Ein Schriftbild, wie ich es nur von Frauen kenne. Sofort kam mir der Gedanke: Diese Zettelchen sind niemals von einem Mann geschrieben worden! Walter war die Liebe ihres Lebens und hatte in den späten 80er-Jahren aufgehört, ihr Zettelchen und Pakete zu schicken. Sein Leben wurde durch einen Autounfall in den Dolomiten abrupt beendet. Wie sie »Dolomiten« sagte, als wäre dieses Gebirge der abscheulichste Ort auf der ganzen Welt. Vermutlich war es für sie nicht nur ein Höhenzug in Italien, der ihr den geliebten Mann genommen hatte, sondern auch das Ende einer großen Ära – dessen Abstieg sie alleine gehen musste, da diese Berge ihr das Liebste, ihren Walter genommen hatten.

Herr Walter hatte meine »Frau Maysenkaiser« wohl sehr geliebt, jedoch musste sie seine Zuneigung teilen. Frau Walter wusste im Gegensatz zu meiner Kundin nichts von dem Doppelleben ihres Mannes. Das glaubte sie zumindest. Geliebte zu sein ist wie Teilzeitbeschäftigung und hauptberuflich wird gewartet. Ehefrau und Mutter zu sein ist jedoch nur hauptberuflich zu schaffen und im Nebenberuf wird gewartet. Die einzige Gemeinsamkeit im Leben dieser beiden Frauen ist ein und derselbe Mann.

Er hatte ihr in den 70er-Jahren eben jene kleine Wohnung eingerichtet. Vermutlich hatte er zum selben Zeitpunkt ein Schlafzimmer für eines seiner vier Kinder eingekauft, dessen Handschrift sich kaum von dem Stil der »Maysenkaiser«-Wohnung unterschied. Ein Mädchenzimmer für die Ewigkeit. Ihre Ewigkeit bestand darin, ihn lebenslang dafür zu lieben, auch über den Tod hinaus. Die Dolomiten hatten ihr einen Strich durch die Lebensplanung gezogen, an deren Ende sicher die Trennung von seiner Frau gestanden hätte. Wer weiß, was Walter gemacht hätte, hätte ihn das Leben nicht aus einer

Kurve getragen. Sie erzählte mit so einer Hochachtung von jenem »Präsente-Walter«, dass auch ich schon geneigt war, ihn zu mögen.

Doppelleben hin oder her – es scheint ihm gelungen zu sein, lebenslange Dankbarkeit und Zuneigung bei seiner Zweitfrau ausgelöst zu haben. Walter hatte wie sie einige Pfunde zu viel auf den Rippen, und das schon 1978. Der gute Teilzeitmann hatte zwar eingerichtet, die Miete für die kleine Bleibe musste das Herzstück seiner Zuneigung jedoch selber bezahlen. Sie arbeitete im Unternehmen ihres Geliebten an der Rezeption. Was nicht nur sehr zugig war, sondern sicher auch nicht erbaulich, da zumindest auch auf der Arbeit niemand von dem stillen Einvernehmen wissen durfte. Die Höchststrafe für eine Geliebte ist, nie Nummer eins sein zu können und sich nicht einmal darüber aussprechen zu dürfen. Er hatte mit ihr kleine Zeichen abgemacht, damit sie sich an der Rezeption seiner uneingeschränkten Zuneigung sicher sein konnte. »Ein guter Chef«, sagte sie, »sagt immer Guten Morgen, Herr Kretschmer. Merken Sie sich das.«

Walter war also kein Held, sondern ein Präsentepacker, den das Leben in den Dolomiten aus der Kurve gehauen hatte. Leider konnte auch ich nicht bremsen, als sie mir vorschlug, eines ihrer Schmuckstücke in Zahlung zu nehmen, um ein Kleid und eben diesen Mantel umarbeiten zu lassen. Walters 20-jähriger Todestag nahte. Mag es an ihrem Blick gelegen haben oder an meiner Menschenliebe, an Walter oder an der Erinnerung an eine zugige Rezeption, ich sagte Ja.

Zug, zugig, es zieht, kenne ich in keiner anderen Sprache. Ich weiß nicht einmal, ob es in einer anderen Sprache ein Wort dafür gibt. Wir Deutschen haben es immer zugig, wir wollen nie sitzen an einem Platz, der zieht. Immer zieht es uns, und wenn es zugig ist, wollen wir da nicht hin. Ich weiß nicht einmal, ob in England jemals jemand im Zug gesessen hat. Manchmal ist es »a bit chilly« oder »it's a bit windy«, aber es ist niemals zugig. Vielleicht ist »im Zug sitzen« etwas ganz Deutsches und verbindet uns alle.

Ihre blaue Samtschatulle beherbergte eine Vielzahl von Kästchen der Marke Cartier, Bulgari, Tiffany und einiger anderer großer Marken sowie schwarze Samtetuis mit Golddruck von italienischen und französischen Juwelieren. Sie besaß Perlenketten mit Brillantverschlüssen, Ohrklipse mit Saphiren und Rubinarmbänder sowie eine beachtliche Zahl von Brillantringen und Smaragdbroschen. Das Design war, sagen wir mal, eigenwillig und aus der Mode, aber die Steine waren zum Teil von einer beachtlichen Größe. Ich war erstaunt und verlegen zugleich, die kleinen Zettel zu sehen, die die Geschichten einer Liebelei in einer Schonungslosigkeit und Direktheit offenbarten. »Gestern Nacht, es war so wundervoll, dein Walter« … »Immer Du, immer mein, Walter«. So viel Intimität, so viel Vertrautheit – manchmal erzählt das Leben seine Geheimnisse in kleinen abgegriffenen Zettelchen, gehalten in den Händen einer Frau, die in Miederhöschen auf gemusterter Bettwäsche sitzt. Ihre üppigen Formen hätten ihn nie gestört, sagte sie stolz. Das wäre auch noch schöner, dachte ich, da der gute Walter ja nicht nur ein Doppelleben führte, sondern auch wie eines aussah. Wie gesagt, als 1978 dürre Hippies Hasch rauchten, hat Walter vermutlich sehr häufig am Schweinebraten geknabbert und hatte beim Weltwirtschaftswunder kräftig zugeschlagen. Walter mochte ein Feigling gewesen sein, aber er war durchaus spendabel gewesen. Spendabel, was für ein Wort. Was bedeutet das überhaupt? Irgendwie so etwas wie Großzügigkeit? Aber spendabel ist für mich auch immer etwas lauter als Großzügigkeit. Walter war, was zumindest den Schmuck betraf, sehr spendabel. Für die Lebensplanung mäßiger großzügig. Ein Leben lang auf die Entscheidung zu warten, von der Teilzeitgeliebten zur hauptberuflichen Ehefrau gemacht zu werden, ist offenbar kein Vergnügen – egal wie viel Schmuck man dafür bekommt. Die Silbermedaille ist in der Liebe nicht Ersatz für die goldene. Auf einem Bett sitzen mit Schachteln voller Goldschmuck heißt nicht immer, auch auf dem Siegertreppchen zu stehen. Ihre Altersvorsorge war ihr Schmuckschatz. Walters Vermächtnis. Es muss sehr beschämend sein, als Witwe an der Rezeption zu sitzen, während oben die Erbfolge geregelt wird. Ein herzliches Beileid darf nur der erwarten, von dessen Existenz die Menschen auch wissen. Ihr blieb nur der Blick in die Kästchen und das endlose Lesen der innigen Zeilen. Ein anonymer Blumengruß auf seinem Grab, der erst, wenn alle gegangen waren, seinen Platz finden durfte. Es hatte sich für sie aber vermutlich bald ausgelesen, da sie mich offensichtlich nicht als einen Couturier benötigte, sondern als einen Vertrauten, um den Schmuck, der ihre Anlage war, zu veräußern.

Wenn Nadel und Faden nicht zum Glück beitragen können, biete ich gerne Herz und Verstand, Schulter und warme Hand: »Ein textiler Gemischtwarenladen mit sozialer Kompetenz« wäre vermutlich die korrekte Beschreibung meiner Gewerbeanmeldung gewesen. So trauten wir uns gemeinsam auf den Weg nach »Schmuckcanossa«, um das zu veräußern, was sie liebte. Das, was ihr geblieben war. Sie brauchte Geld und musste sich von einem Teil der goldenen Erinnerungen lösen. Ihrer Altersvorsorge. Walters Vermächtnis. Für mich hatte dieser Tag etwas Bedrückendes, einen eigentlich fremden Menschen zu begleiten und seine Erinnerungen zu veräußern. Die

Dolomiten mochten Walter das Leben gekostet haben. Die Expertisen der Juweliere dann fast ihres.

All die Cartier- und Bulgarikästchen mit ihren goldenen Aufschriften, sie waren Originalverpackungen für den Schmuck seiner Ehefrau gewesen. Für die Geliebte hatte er nur Modeschmuck gekauft, den er in den Originalpäckchen verpacken und beschriften ließ, was die feminine Handschrift erklären würde. Zugegeben, es handelte sich um exquisite Kopien der Originale, wie sie gern von vermögenden Damen getragen werden, während der echte Schmuck sicher in den Schließfächern und Safes verblieb. »Reiseschmuck« war das Wort, das sie traf und aus der Bahn schlug, wie einst Walter aus der Kurve.

Der Mantel bekam ein neues Futter und ich legte noch ein Kleid dazu – in Violett, versteht sich. Eine Rechnung habe ich ihr nie geschrieben, einfach vergessen … Ich hoffe, dass Walter auf einer zugigen Wolke vergessen wurde, und sollte es eine Wiedergeburt geben, dann wünsche ich ihm eine gute Zeit an irgendeiner zugigen Rezeption.

WORAN ERKENNEN SIE DIE VON-ALLEM-ETWAS-ZU-VIEL-FRAU?

Sie ist meistens eine sehr lebensfrohe Person, die durch ihren molligen Körperbau sympathisch und liebenswert wirkt. Ihre weiblichen Formen sind bei Männern sehr beliebt – die Frauen wollen sie loswerden – das ist paradox. Aber Sie wissen ja, unter Ihrer Fülle liegt eine Perfekte verborgen.

Prominente Von-allem-etwas-zu-viel-Frauen: das Oscar-Girl Jennifer Hudson, die vom Himmel gesandte Adele, das Phänomen Oprah Winfrey

IHR LOOK

Ihre Oberteile

Tun Sie sich einen Gefallen und zwängen Sie sich nicht in kleine Konfektionsgrößen – stehen Sie zu Ihrer Figur und machen Sie das Beste aus ihr. Besonders gut steht Ihnen ein Boyfriendblazer, der unter dem Po endet. Dafür sollten Sie kurze Jacken und Boleros mit keinem Blick würdigen – sie stauchen Ihren Oberkörper und das möchten Sie auf keinen Fall. Wickeltops und Tuniken sind zuverlässige Kleidungstücke in Ihrer Garderobe. Diese Oberteile kaschieren Rundungen und breite Arme und schauen dabei noch todschick aus. Ein V-Ausschnitt verlängert zudem Ihren Oberkörper. Haben Sie keine Angst vor etwas Glitzer, Pailletten und Kristall – sie unterstreichen noch mal Ihre uneingeschränkte Daseinsberechtigung!

Ihre Unterteile

Der Boot-Cut-Schnitt ist perfekt für Sie. Gleiches gilt auch für Marlene-Hosen, wenn sie nicht zu weit sind. Hosen mit hoher Taille und Bügelfalte stehen Ihnen hervorragend. Im Gegensatz zu Röhrenjeans, Schlag- und Karottenhosen. Ebenfalls nichts für Sie sind Hosen mit großen Taschen, denn sie machen Ihre Figur breiter. Ihre Hosen sollten immer in Kontakt mit der Taille stehen. Lowcut und Hüfthosen machen die anderen. Spätestens, wenn Sie sich bücken, wissen Sie und Ihr Hintermann warum. Bei der Rockwahl entscheiden Sie sich am besten für leicht ausgestellte, knielange Modelle. Faltenröcke überlassen Sie bitte Britney Spears und japanischen Schulmädchen. Tulpenröcke mit Taille können wunderbar sein, wenn ein leichter Stretchanteil vorhanden ist. Greifen Sie zu Pencilskirts. Ballonröcke sollten Sie hängen lassen – sie können gern Ballon fahren und einen in der Hand tragen – aber anziehen sollten Sie sie nie!

Ihre Kleider

Nur weil Sie vielleicht etwas mehr Rundungen und Airbags als andere Frauen haben, müssen Sie sich nicht in grässlichen Kleidersäcken verstecken. Ich empfehle Ihnen Maxikleider aus fließenden Materialien und Cocktailkleider mit U-Boot-Ausschnitten und Volants, die unterhalb der Hüfte beginnen. Die A-geschnittenen Kleider und Hängerchen sind wunderbar für Sie. Etuikleider im Army-Look stehen Ihnen so gut, dass die Männer reihenweise vor Ihnen salutieren.

Ihre Accessoires

In der Regel ist Ihr Oberkörper etwas schmaler als Ihr Unterkörper. Also sollten Sie den Fokus auf oben legen und sich mit auffälligen Ketten schmücken. Schmale Gürtel können Ihnen ebenfalls eine kleine Schummelhilfe sein – wenn Sie das Gefühl haben, eine solche »Blitzdiät« könnte Ihr Wohlbefinden steigern. Sie verschmälert Ihre Figur erheblich.

Ihre Schuhe

Bei etwas kräftigeren Waden sehen Pumps mit Pfennigabsätzen immer etwas wacklig aus. Tragen Sie lieber filigrane Wedges und schicke Sandaletten mit Blockabsätzen. Aber vergessen Sie dann bitte nicht die Fußpflege vorher. Auch ein nicht zu abgetragener Sneaker verleiht Dynamik und gibt Ihnen etwas Sportliches. Ankle-Boots mit weitem Schaft lassen Ihre Unterschenkel schmaler wirken. Alle Ballerina-Fans müssen jetzt ganz stark sein: Diese Schuhe lassen Sie (es tut mir leid) dick aussehen. Ihr Gang wirkt mit ihnen so unelegant! Aber zu Hause: Bitte sehr! Da dürfen Sie gern mit den Ballerinas einschlafen.

Ihr Beauty-Look

Achten Sie immer auf ein gepflegtes Erscheinungsbild. Sonst könnte hinter Ihrem Rücken spekuliert werden, ob es Ihnen an Disziplin fehlt. Streichen Sie Bad-Hair-Days sofort aus dem Kalender und setzen Sie auf ein elegantes, zeitloses Make-up. Oder tragen Sie doch einfach mal eine Kappe oder eine modische Brille – das macht sie jung und dynamisch. Lippen können Ihre Stärke sein, denn sie unterstreichen Ihre Weiblichkeit – egal ob farbig oder geglosst, gepflegt müssen sie sein!

Starke Augen, getuschte Wimpern machen Sie unvergesslich, denn ein intensiver Blick bleibt immer in Erinnerung.

STYLING-TIPPS FÜR …

… den Tages-Look

Alles, was Sie tragen, sollte stets tailliert sein, um Ihrem Körper Form zu geben. Greifen Sie zu geraden Hosen, die Ihre Hüften entweder leicht umspielen oder aber selbstbewusst betonen. Boyfriendjeans oder Harems-Hosen sind dafür perfekt. Darauf passt eine kleine, aber taillierte Lederjacke mit einem schmalen Top. Ein hoher Schuh macht einen schlanken Fuß und streckt Ihre Silhouette.

… den Business-Look

Machen Sie doch mal Ihre Kolleginnen richtig neidisch: Tragen Sie dafür ganz selbstbewusst Stoffhose, eine Bluse mit feinen Längsstreifen und einen Boyfriendblazer.

… den Party-Look

Zu einem absoluten Partyhighlight werden Sie mit einem aufregenden Kristallhängerchen in A-Linie in zwei Lagen, zum Beispiel aus zwei verschiedenen transparenten Stoffen – und: mit Dekolleté. Und wenn Sie nicht armfrei gehen möchten, tragen Sie einfach einen kleinen paillettenbesetzten Blazer.

… die Sommersaison

Der perfekte Beach-Look besteht bei Ihnen aus einem einfarbigen stark taillierten Badeanzug mit eingenähtem Minimizer und einer lockeren Strandtunika. Ein Tankini verdeckt Ihre schönste Stelle – die Mitte! Pantys sind mit Vorsicht zu genießen, setzen Sie lieber auf Unterteile mit höherem Beinausschnitt. Wer lieber einen Bikini tragen will, der wählt ein Modell, das aus genug Stoff besteht und nicht zu knapp ist. Sehr schön ist hier der Retro-Look. Ein Neckholder-Oberteil gibt Halt und lässt die Von-allem-etwas-zu-viel-Frau schmaler wirken. Wenn Sie gern Glitzer tragen – gerne! Aber bitte nur auf dem Oberteil!

... die Wintersaison

Daunenjacken lassen Sie wie einen Rollmops aussehen – Finger weg! Greifen Sie lieber zu einem mittellangen Wollmantel, der durch einen schmalen Gürtel leicht tailliert ist.

DON'T FORGET FÜR DIE VON-ALLEM-ETWAS-ZU-VIEL-FRAU

Für ein stilsicheres Auftreten sollten Sie einiges beachten! Meiden Sie zu dicke Stoffe mit Struktur, denn sie tragen auf. Riesenmuster und große grafische Designs tun auch nicht gerade etwas für Sie. Wunderbar geeignet für Sie sind dunkle Farben und dünne Längsstreifen, die mit einer optischen Diät vergleichbar sind. Ein gekonnter Mustermix, Ton in Ton aus leichten Uniqualitäten, gern in dunklen Tönen, ist optimal für Sie. Wenn Sie glatte und matte Materialien Ton in Ton kombinieren, hat Geschmack und Stil ein Zuhause in Ihrem Schrank gefunden. Und vergessen Sie nicht: Taille, Taille, Taille. Ein Mantra, das Sie Ihr Leben lang nicht vergessen sollten. Es sei denn, Sie liegen mit ihrem Freund gemütlich auf dem Sofa und tun gerade etwas für den »Erhalt« Ihrer Figur.

DIE VERSUCHUNG IN DOPPEL-D

»Das Außergewöhnliche an einem guten Geschmack ist nicht, das Beste zu tragen, sondern sich Gedanken darüber zu machen, ob es etwas für einen tut!«

Das Wunderbare an unserem Körper ist doch, dass alles irgendwie Sinn macht. Zugegeben, wer sich einmal den kleinen Zeh an einem Bettpfosten angeschlagen hat, möchte sich ein Paar Hufe gewünscht haben. Bis auf die Ernährung des Nachwuchses scheinen Brüste keinen weiteren Sinn zu haben – und doch steht der Busen der Frauen immer im Fokus, selbst wenn er flach und unscheinbar ist.

In der Welt der Mode ist die Brustweite ein nicht zu unterschätzendes Körpermaß. Brust-, Taillen- und Hüftweiten entscheiden in der Regel über den Look, den Sie ein Leben lang tragen können. Seit Claudia Schiffer wissen auch Männer, dass 90-60-90 irgendwie von harmonischen Proportionen in Zentimetern erzählt. Die Verteilung ist jedoch Geschenk wie Fluch gleichermaßen. Die Frauen, die bei der Brustverteilung zweimal »Hier bitte!« gerufen haben, sind aus Sicht der Flachbrüstigen häufig die Gewinnerinnen, jedoch sehnt sich so manche Großbusige nach gemäßigteren Formen, die weniger Aufmerksamkeit auf sich ziehen.

Ein großer Busen lebt im optimalen Fall zusammen mit einer schmalen Taille. Dazu passen breite Hüften, denn dann haben wir eine Sanduhrfigur. Diese hat Anhänger beiderseitigen Geschlechts – von Männern begehrt, von Frauen beneidet. Fest stehende Doppel-D-Körbchen haben manchmal 400 Gramm Silikoneinlagen pro Seite und einige Tausend Euro gekostet – nebst den Schmerzen und Hämatomen und manchmal auch dem Verlust der Sensibilität.

Die Alles-oben-Frau lebt manchmal auch in Paris und heißt dann »Madame Meisenkaiser« – aber in diesem Fall mit einem sehr lang gesprochenen S, versteht sich. Compris? Unser erstes Treffen liegt schon viele Jahre zurück und ich kenne Madame noch mit flacher Brust. Heute könnte sie, falls die Vergrößerung auch mit Muttermilchproduktion einhergehen würde, vermutlich auch Madonna als Reisebegleitung dienen. Sie könnte die Säuglinge eines kleinen afrikanischen Dorfes als mobile Amme zeitweise miternähren. Stattdessen sitzt sie gern beim Mittagessen im Marais oder auf dem Porte de Clignancourt, liebt Mode, Antiquitäten, ihren Mann, die Stadt und spendet reichlich für wohltätige Organisationen – kurzum: Sie ist ein feiner Mensch. Wir haben ein herzliches Verhältnis und sie könnte in diesem Buch auch mit vollem Namen auftreten, doch möchte ich meinen Lieben die Anonymität sichern.

Ob Silikon süchtig macht, habe ich mich schon des Öfteren gefragt. Vermutlich wird den Damen zum Silikonkissen auch noch ein Suchtmittel implantiert, sodass einige immer mehr wollen. Meine nicht belegte Studie lautet: Wer sich früh die Brust vergrößern lässt, hat auch später keine Angst vor chirurgischen Eingriffen. Botox, Hyaluronsäure und Silikon sind mit dem Leben von Madame und ihrem Körper eine feste Verbindung eingegangen.

Dank Silikon und einem hochattraktiven syrischen Schönheitschirurgen hatte ich das Vergnügen, eine stattliche Anzahl von neuen Abendkleidern für sie fertigen zu dürfen. Wir treffen uns ausschließlich zum Mittagessen. Es gibt Artischocken und Bouillabaisse, sie trinkt vier Gläser Wein, ich nippe an einem. Wir essen immer in den gleichen Lokalitäten – im Sommer auf der Terrasse, im Winter unter einem Heizpilz.

Wenn in Paris im Winter die Sonne scheint, ist es irgendwie heller als in vielen anderen Städten. Fragen Sie mich bitte nicht wieso, aber es ist so. Meine erste, unter einem Heizpilz getrunkene heiße Schokolade hat mein deutsches Energiesparweltbild entscheidend beeinflusst. Es gibt eine Nation, die, nur um draußen zu sitzen, Energie vergeudet. Ich war mir sicher, derartige Annehmlichkeiten werden wir niemals in Deutschland erreichen. Einem Land, das wie keine andere Nation seinen Müll trennt und um das ungemütliche Licht aus Energiesparbirnen kämpft. Aber ich hatte mich geirrt: Heutzutage ist es so, dass sogar meine Eltern im Winter im Garten grillen könnten. Das zum Thema Energievorurteile in der Welt.

Seit meine liebe Pariser Kundin endlich ein Alles-oben-Mädchen war, trug sie fast nur noch Dekolleté. Sie hat eine fast knabenhafte Figur, relativ gerade Hüften, eine Taille mit hoher Leibeshöhe, sehr schlanke Arme, die sie (außer zum Weißweingläser-Anheben) fast nie benutzte, so ihr O-Ton. Ich kenne keine andere Frau, die so natürlich nackt ist. Höchstens die von mir so verehrte Schauspielfreundin Inga Busch. Kämen die beiden nackt in ein Straßencafé – ich bin mir sicher, nach einer Minute hätten sich alle daran gewöhnt und würden die Nacktheit vergessen. Inga könnte heute immer noch nackt einkaufen gehen, meine französische Brustfreundin hat sich seit ihrer zweiten Brust-OP dazu die Chance genommen. Inzwischen bestellen nur noch ihre zwei Brüste den Weißwein und das halbe Lokal schaut auf ihr Dekolleté. Ihr Kleidungsstil ist ruhig und unaufdringlich, stets von bester Qualität. Die Farbe Schwarz dominiert jeden ihrer Looks. Die perfekte Kombination aus verschiedenen schwarzen Materialien, mal Seide, mal Leder, mal Chiffon, aber immer mit Wasserfall-Ausschnitten, die ihr Dekolleté stets perfekt in Szene setzen. Das Spiel vom Weglassen und Betonen – darin ist sie eine Meisterin, eine Virtuosin! Sie trägt nie Ketten oder Halsbänder. Es sind ihre Ohren, Hände und Arme, die mit blassen Opalen, ausnahmslos in Cabochon geschliffen, dezent funkeln. Die Steine wirken immer so, als würden sie schweben, die Fassung ist fast nicht zu erkennen. Das Außergewöhnliche an einem guten Geschmack ist, nicht immer das Beste zu tragen, sondern sich Gedanken darüber zu machen, ob es etwas für einen tut! Die vielleicht schönsten schwarzen Kaschmirmäntel meiner Kollektionen hängen in ihren Schränken. Zu jedem Mantel gibt es einen schwarzen Hosenanzug, ein Kostüm mit schmaler Taille und ein Kleid mit Wasserfallkragen. Nie hat sie eine Tasche dabei. Ein Haustürschlüssel, etwas Geld und ein Lippenstift muss in jedem ihrer Outfits Platz finden.

Nichts mit sich herumzuschleppen muss wunderbar sein! Meine Taschen werden immer schwerer und irgendwie will immer alles mit. Ich sollte meinen Sächelchen auch Hausverbot erteilen! Es mag dem Umstand geschuldet sein, dass sie kein Mobiltelefon und keinen Beruf besitzt, also keine Kabel, keine Akkus, auch keine Agenda mit sich herumschleppen muss. Sie liest nur zu Hause. »Draußen schaue ich mich um, esse und alles, was ich in der Wohnung haben muss, wird geliefert«, sagt sie. Reisen sind ihr ein Gräuel, sie hat Paris seit sicher 25 Jahren nicht mehr verlassen – die einzige Ausnahme im Jahr ist, im Herbst mit mir das Château de Malmaison zu besuchen, welches etwas außerhalb der Stadt liegt.

Seit vielen Jahren ist es mir eine lieb gewonnene Angewohnheit, all meine kleinen und großen Wünsche auf Zettelchen zu schreiben. Das geschriebene Wort ist geborene Realität für mich. Gedanken sind Sommerferien, geschriebene Wünsche sind Lebensaufgaben. All die kleinen Zettelchen liegen vom 2. 1. eines jeden Jahres in einem Kästchen. Am 31. 12. verbrenne ich in einem Ritual all die Gedanken zu Asche, die ich dann im Herbst immer in den Rosenbeeten von Malmaison verstreue. Jenes Château war Heimstätte von Napoleon und seiner Gattin Joséphine Bonaparte – ich liebe das Empire! Diesem Park fühle ich mich so eng verbunden, nur der liebe Gott und Napoleon wissen wahrscheinlich warum. Der 1. 1. eines jeden Jahres ist wunschfreier Tag. Ab dem 2. 1. lege ich dann wieder los. Auch diese Angewohnheit werde ich, solange ich ein Streichhölzchen halten und nach Paris reisen kann, beibehalten. Therapieversuche zwecklos!

Meine liebe »Madame Meisenkaiser« freut sich immer auf unseren kleinen Ausflug vor den Toren Paris' und mir bedeutet es sehr viel, sie dabeizuhaben. Bei diesem Ausflug ist sie stets exklusiv und elegant gekleidet und sie verleiht diesem Moment immer etwas Heiliges. Da sie ja fast ausschließlich Schwarz trägt und auch ich eher der ruhigere Textilträger bin, hat es sicher schon oft den Anschein gemacht, als würden wir die Asche eines geliebten Menschen in den Rosenbeeten verstreuen. Gedanken und Wünsche sind ein guter Dünger für gelbe Rosen! Ich habe jedoch immer etwas Angst, dass sie mal vornüber in die Rosen kippt. Silikonbrüste und Dornen sind auch nicht gerade das perfekte Gespann.

Erst Ascheregen, dann Mittagessen – ein Ritual ohne Gaumenschmaus ist ja auch immer etwas fad. Bei unserem letzten Malmaisonbesuch saßen wir wie immer in dem Restaurant gleich neben dem Château. Ich besuche diesen Ort sicher schon fast 20 Jahre, es war ausnahmslos sonnig. »Bouillabaisse und Botox sind Teil meines Lebens geworden«, sagte sie im letzten Jahr zu mir. Wir mussten so herzhaft lachen, dass es Minuten dauerte, bis wir uns wieder beruhigen konnten. Während des Mittagsmahles hatte sich ein dicker schwarzer Brummer auf ihrer Stirn ein Ruheplätzchen gesucht. Fasziniert beobachtete ich für Minuten eben jenes Insekt, absolut fassungslos, dass mein Gegenüber nichts davon spürte. Das gute Insekt lief die Stirn hoch, dann wieder zurück, putzte sich ausgiebig – es hatte für geraume Zeit eine Heimstätte gefunden. Da die Fliege die Vergänglichkeit symbolisiert, empfand ich das Tierchen als logische Konsequenz und passend zu unserer Ascheverstreuung. Nach bestimmt 10 Minuten fragte ich mein Gegenüber: »Sage einmal, du hast nicht etwa das Gefühl, dass etwas auf deiner Stirn herumläuft?« Daraufhin sagte sie: »Ich spüre von den Brustwarzen bis zum Haaransatz absolut nichts mehr. Wenn mein Mann mich küsst, bin ich so taub, dass ich, wenn ich nicht die Augen auf hätte, nichts davon mitbekommen würde.« Dann sagte sie: »Du musst dringend einmal ein Zettelchen für mich schreiben: ›Endlich einmal Botox ohne Lähmungserscheinungen.‹ Bei deinen Wünschen scheint es ja auch gut zu funktionieren, sei doch mal so gut und tu etwas für uns Frauen.«

WORAN ERKENNEN SIE DIE VERSUCHUNG IN DOPPEL-D?

Ich muss nicht ernsthaft erklären, woran man eine Versuchung in Doppel-D erkennt, oder? Ganz klar, bei diesem Frauentyp stechen die überdimensionalen Brüste sofort ins Auge. Sie ist die typische Sexbombe.

Prominente Versuchungen: die Rettungsschwimmerin Pamela Anderson, die feurige Salma Hayek, die Königin der Selbstvermarktung Katie Price

IHR LOOK

Ihre Oberteile

Betonen Sie Ihre unübersehbare Weiblichkeit! Abnäher optimieren die Passform und betonen Ihre Taille. Kleine Blazer, Kostümjacken, perfekt geschnittene Tops, Corsagen und alles, was Ihre Brust zusammenhält, ist für Sie perfekt. Ebenfalls ein Highlight bei Ihnen sind Blusen in Wickeloptik – nicht nur die Männerwelt wird bei dieser Betonung Ihrer Oberweite hin und weg sein. Keinen Gefallen tun Sie sich mit Oberteilen im Empire-Look, zu tiefen Ausschnitten und Neckholder-Tops. Ihre Devise sollte lauten: »Ich betone gerne, was ich habe, will aber nicht meine Brüste jedem sofort unter die Nase reiben!« Und denken Sie daran, dass der richtige BH für Sie unerlässlich ist. Ob es ein Minimizer ist, der optisch eine Größe kleiner macht, oder ein Former, ist völlig unerheblich – er sollte komfortabel und schön sein! Sollten Sie kleine T-Shirts und Tanktops tragen, so sollten diese einen kleinen V-Ausschnitt haben. Aber Sie sollten sich darüber im Klaren sein, dass jeder auf Ihren Busen schaut. Sollte Ihnen das keine Freude machen, können Sie den Blicken mit einer transparenten Tunika oder einer weit geschnittenen Hemdbluse entgehen.

Ihre Unterteile

Bei Ihrem aufregenden Oberkörper brauchen Sie untenrum nicht viel Tamtam. Röcke mit cleanen Schnitten, wie zum Beispiel der A-Linie, sind wie für Sie gemacht. Hosen mit breitem Bund sind dagegen ein absolutes No-Go für Sie, denn darin verliert sich Ihre schmale Hüfte komplett. Setzen Sie lieber auf Bundfaltenhosen und Hüftschnitte. Ihre Gürtel sollten nicht zu groß sein, und wenn sie glitzern, dann halten Sie sich am Dekolleté besser etwas zurück.

Ihre Kleider

Alles, was einen tiefen Ausschnitt hat, wird Ihrem Dekolleté gerecht und setzt Sie perfekt in Szene. Kleider mit angeschnittenem Kragen, mit und ohne Ärmel, geben Ihnen etwas Elegantes. Ebenfalls eine sichere Bank sind Kleider, egal welcher Länge, mit tiefer Taille und breiten Trägern. Setzen Sie mit diesen Schnitten ein Gleichgewicht zu Ihrer üppigen Oberweite – so betonen Sie auch Ihre Beine. Alles, was zart gewickelt wird, steht Ihnen ausgesprochen gut. Hochgeschlossene Kleider sollten raffinierte Abnäher und Legefalten haben, um ihnen eine gute Passform zu ermöglichen. Muster sollten nicht zu groß sein. Hochglänzende Materialien verstärken besonders bei Kleidern die Oberweite um mindestens eine Größe. Daher sind matte Seiden- oder Wollstoffe dezenter.

Ihre Accessoires

Große Taschen können Sie schnell und einfach vor aufdringlichen und lüsternen Blicken schützen. Schieben Sie die Tasche einfach vor Ihren Oberkörper. So versteckte übrigens Grace Kelly lange ihre erste Schwangerschaft vor der überambitionierten Presse! Broschen sollten Sie wirklich nur dezent verwenden, denn sie können schnell die Aufmerksamkeit auf Ihre Brüste lenken. Vermeiden Sie das Tragen von übergroßem Armschmuck und breiten Gürteln. Sie tragen nur schnell auf und stehlen Ihrer Brust die Show! Auch eine üppige Pelzstola könnte auf Ihrer Brust liegend zu einem Raubtier werden, das niemand erlegen möchte! Greifen Sie lieber zu kleinen Nickitüchern, die Sie gekonnt knoten! Große Schals sollten aus weichen Qualitäten gearbeitet sein, am Hals eng anliegen und lang über den Busen herunterhängen.

Ihre Schuhe

Als Versuchung in Doppel-D sollten Sie sich mit breiten Absätzen anfreunden. Sie geben Ihnen nicht nur einen sicheren Tritt, sondern gleichen auch Ihren fülligen Oberkörper aus. Wenn Sie aber die Männerwelt verrückt machen möchten, dann sind Pfennigabsätze unabdingbar. Mehr Sexbombe geht dann wirklich nicht. Aber denken Sie daran, dass dieser verruchte Look schnell ins Billige kippen kann. Wenn auch noch Lack und Leder Ihren Look dominieren, kann es schnell einen Touch too much werden.

Ihr Beauty-Look

Auch bei Ihnen gilt: Weniger ist mehr. Als Busenbombe brauchen Sie nicht viel Make-up, um die Aufmerksamkeit auf sich zu ziehen. Das verursacht Ihre Oberweite ja schon von ganz alleine. Strenge Frisuren wie ein hochsitzender Dutt betonen Ihren Oberkörper. Lassen Sie lieber Ihre Haare offen, sodass sie Ihren Ausschnitt locker umspielen. Dezent geflochten kann Sie das unschuldig und natürlich wirken lassen. 12 Meter lange Extensions in Burnblond oder eine Riesenlockenpracht, die bis an Ihre Hüfte reicht, wird höchstwahrscheinlich von Ihrem so zarten Wesen ablenken!

STYLING-TIPPS FÜR …

… den Tages-Look

Ein enges, raffiniert geschnittenes Shirt, gern aus Jersey oder Seide in kräftigen Farben ist genauso gut für Sie wie in dezenten warmen Tönen. Ihr Missverhältnis zwischen oben und unten sollten Sie keinesfalls mit dem Kauf einer zu kleinen Größe verschlimmern. Kaufen Sie ein Kleid zum Beispiel immer so, dass es Ihnen am Busen passt, und lassen Sie es sich bei einem Schneider notfalls an der Hüfte ändern. Tops mit V-Ausschnitt zu einer hellen Hose und einer schlichten Jacke sind Ihr perfekter Look für einen ganz normalen Tag.

… den Business-Look

Für mich ist eine kleine feine Lederjacke mit Jeans ein toller Look. Darunter ein bequemes Jerseyshirt mit Raffung an der richtigen Stelle (z. B. am Oberbauch) kann bei Ihnen toll aussehen. Reverslose Kostüme oder kleine Stehkrägen halten Ihre Brust etwas zurück und lassen Sie in einer eleganten Hüfthose den ganzen Tag über Pluspunkte sammeln. Hände weg von Doppelreihern, außer Sie sind Tankerkapitänin oder Sie leiten eine militärische Einrichtung in China.

… den Party-Look

Ein Kleid mit tiefsitzender Taille und ein perfekt sitzender BH darunter stehen Ihnen bei jeder durchtanzten Nacht zuverlässig zur Seite. Dazu tragen Sie Ketten, die oberhalb Ihrer Oberweite enden. Cocktailkleider in fast allen Variationen sind möglich, sofern keine Volants und Rüschen Ihre Oberweite optisch noch verstärken. Auch eine gut geschnittene Corsage mit Jeans oder einem engen Rock kann Sie zur Königin der Nacht machen. Zumindest wird Sie mit diesem Outfit niemand vergessen. Und noch ein Tipp für den Umgang mit Paillettentops: Glänzende Materialien und Kristall-BHs machen Sie supersexy – wenn Sie auf der Bühne tanzen und auf Geldscheine in Ihrem Slip spekulieren. Zurückhaltung geht anders!

… die Sommersaison

Falls Sie einen auf »Baywatch« machen möchten – zögern Sie nicht lange und kaufen Sie sich einen knappen roten Badeanzug. Für jede andere Versuchung in Doppel-D empfehle ich einen Tankini mit eingenähten Cups und eine große Sonnenbrille. Aber auch Badeanzüge im Retro-Stil stehen Ihnen ausgesprochen gut. Bei Bikinis sollten Sie darauf achten, dass das Oberteil groß genug ist, bequeme Träger hat und Ihren Busen perfekt in Form bringt. Ein locker gebundenes Strandtuch schützt nicht nur vor zu viel Sonne, sondern auch vor den Blicken der Nachbarliege.

... die Wintersaison

Ein einreihiger Mantel steht Ihnen perfekt! Gerade geschnittene Mäntel, die nicht zu lang sind, damit Ihre Beine noch zur Geltung kommen. Trapezschnitt und Raglan machen Sie viel breiter, als Sie sind, denn sie nehmen Ihnen die Taille weg. Die großen XXL-Tücher tragen schnell auf, wählen Sie lieber einen schmalen Schal aus einer leichten Qualität.

DON'T FORGET FÜR DIE VERSUCHUNG IN DOPPEL-D

Setzen Sie Akzente mit raffinierten Oberteilen und knalligen Farben. Glanzstoffe und große Aufdrucke sind nichts für Sie. Aber alle Tipps nützen Ihnen nichts, wenn Sie an Ihrer Wäsche sparen. Wie gesagt, ein gut sitzender BH ist Pflicht. Ein schwebender Gang, geheimnisvolle Augen – das sind die besten Freunde von Doppel-D.

DIE GROSSE WALKÜRE, DIE NICHT IMMER SINGEN KANN

»Verstecken? Unmöglich!«

Es gibt Frauen, die so groß sind, dass sie einfach nie eine Chance haben, sich zu verstecken. Schon als Kind waren sie vermutlich immer die Ersten, die gefunden wurden, wenn es hieß: »Verstecke sich, wer kann!« Wenn aber alles groß ist und die Figur wie ein großer Schrank aussieht, dann tut sich eine Walküre schwer, selbigen gekonnt zu füllen. Bauchtanz, Bodenturnen, »Finde mit indischem Tanz die Elfe in dir« – alles nicht zu empfehlen.

Vor einigen Jahren, auf einem abendlichen Rückflug von Paris nach München, nahm eine solche Walküre in Gestalt einer älteren Dame neben mir Platz. Im Flugzeug gibt es, wie auch in einigen anderen Transportmitteln, nur zwei Möglichkeiten. Erstens, kaum anschauen, die Mittellinie vehement nutzen, sich schlafend stellen. Folglich: keine Konversation. Zweite Möglichkeit: ein Blick in die Augen, ein herzliches »Willkommen an Bord« oder ein erster Satz wie: »So, jetzt sitzen wir.« Zwei Stunden Plauderei, bis die Anschnallgurte erloschen und Tischchen hochgeklappt sind. Na ja, Sie kennen das ja.

Besagte Dame war Möglichkeit zwei. »Bleiben Sie ruhig, junger Mann. Der Platz zwischen uns bleibt frei. Wir haben uns allein, mein Name ist (na wie wohl) Frau Maisenkeiser«, stellte sie sich vor. Sie drückte meine Hand, nahm mir die

»Vogue« aus der Hand, legte sie auf das freie Plätzchen zwischen uns und sagte: »Ich hätte darauf wetten können, dass Sie ein Modevogel sind, als ich Sie gerade sah.« Wie recht sie hatte. »Und was für einer«, sagte ich.

Sie lachte aus vollem Halse, sodass ich wieder einmal feststellte: Der Typ der großen Walküre hat einfach Stimme, häufig Herz und Verstand. »Keine Sorge«, sagte sie, »ich habe ein kleines Fläschchen Brause dabei.« Kurz vor dem Start machte es »plopp« und ruck, zuck hatte ich ein Becherlein in der Hand. Wir hatten es gemütlich. »Den Tisch lassen wir unten«, sagte sie. »Sobald der Vogel abgehoben hat, stecke ich mir eine Zigarette an. Viermal gezogen, dann habe ich Ruhe und die Stewardess hat kaum noch Zeit, mich darauf hinzuweisen, dass es in der Kabine, na, Sie wissen schon.« Herzliches Lachen überdröhnte mein »Na, Sie sind ja eine Nummer«. »Wissen Sie«, sagte sie, »ich bin 86 Jahre alt. Ich habe schon in Fliegern geraucht, da hat Marlene Dietrich noch nicht einmal gewusst, ob sie aus den USA zurückkommt.«

Sie trug einen beigen Hosenanzug, sehr grade geschnitten, einen schmalen Kaschmirpullover, deren Ärmel ihre Handrücken fast vollständig bedeckten. Ihre Hand zierte ein großer Siegelring mit einem dunkelgrünen, in Gold gefassten Turmalin. Meinem Lieblingsstein! Sie trug ihr Haar kurz und grau, hatte blasse Wangen und ihre Augenbrauen waren so markant wie die eines Mannes. Das Lippenrot war von jener Intensität, dass Falten auf dem 86-jährigen Gesicht keine Chance mehr hatten, beachtet zu werden. »Turmalin?«, fragte ich. »Geschichte dazu?«, gab sie zurück. »Von Herzen gern«, erwiderte ich und dankte kurz dem Himmel für diese Reisebegleitung.

Ich muss vielleicht noch kurz erwähnen, dass ich ein wirklich kognitives Verhältnis zum Fliegen und dem zugehörigen

Durch-die-Luft-Schweben habe. Ich fliege nicht sehr gerne, nutze jedoch pausenlos eben jenes Fluggerät und muss deswegen ständig meine aufkommende Flugangst bekämpfen. Sobald etwas Gescheites neben mir Platz genommen hat, werde ich ruhig. Dummheit und Erkältungskrankheiten sind mir dagegen ein Gräuel und verstärken meine Not noch! Es gibt eine kleine Angewohnheit. Seit dem ersten Flug vor vielen, vielen Jahren behalte ich den Abschnitt meiner Bordkarte den ganzen Flug über in der Hand. Nach erfolgreicher Landung schreibe ich kleine Notizen auf den kleinen Transportabschnitt: »Ganz gut«, »Keine Turbulenzen« oder »Nie mehr im Herbst«, »Kind hinter mir erbrochen«, »Tröpfcheninfektion möglich«, »Pillender Pullover«, »Gutes Gespräch mit Frau mit Akne rechts neben mir, braucht dringend Behandlung«. Und so weiter.

Einmal im Monat lege ich alle gesammelten Abschnitte in ein Kästchen – es sind mittlerweile Hunderte. Alle jetzt alarmierten Psychologen: Bitte zurücklehnen! Solange ich fliege, werde ich mich an diesen Abschnitten festhalten. Sollte das papierlose Bordkartensystem irgendwann die Oberhand gewinnen, habe ich ein Problem und melde mich umgehend zur Behandlung.

Die hauchdünne Zigarette der Marke »Eve« blieb unangezündet. Es gab in der Hermès-Handtasche der Walküre kein Streichholz mehr, also konnte sie die mitgebrachte Papierfeile auch nicht als Zündhilfe missbrauchen. Schade eigentlich. Es hielt die Dame aber nicht davon ab, die Zigarette, wie ich meinen Sitzplatzabschnitt, den gesamten Flug festzuhalten. Sie rauchte sie einfach trocken. Die Walküre und ich – eine Sekundenfreundschaft. »Lang lebe die Blitzsympathie«, sagte ich und wurde mit einem Kuss und einem lauten sonoren Lachen belohnt.

»War es schwierig für Sie, in Ihrem Leben das Passende zum Anziehen zu finden?«, fragte ich. »Sie sind vom Fach«, war ihre Antwort und sie erzählte von den vielen Versuchen, in ihrer Konfektion das Passende für ihre Figur zu finden. »Ich habe mich für streng entschieden. ›Mädchen‹ sollen die anderen machen«, sagte sie. Dabei drehte sie den Turmalin und erzählte aus ihrem Leben.

In den späten Kriegsjahren war ein sicheres Leben in Berlin einfach nicht mehr gewährleistet. Also wurde sie zu Danièle, einer Jugendfreundin ihrer Mutter, in einen Vorort von Paris verfrachtet. Bei ihrer Ankunft in Paris war sie eine junge Frau und kannte niemanden, nicht einmal besagte Jugendfreundin ihrer Mutter. »Jeder erwartete ein kleines, zartes Mädchen«, sagte sie. »Die Enttäuschung über eine Große, Stattliche ist immer die gleiche: Die kann sich selber retten, verstecken unmöglich!« Die geschilderte Geschichte war so einzigartig und wunderbar, dass sie gut zu unserer Reise über den Wolken passte. Ich bin in solchen Momenten so glücklich, mit Offenheit gesegnet zu sein, danke!

Die Freundin der Mutter lebte allein in einem großen Haus in einem Pariser Vorort und hatte, außer ihrem Sohn, niemanden mehr. Der gute Junge war von ihr aber schon nach Buenos Aires geschickt worden, weit weg von den Kriegswirren in Europa. »Das Erste, was sie zu mir sagte, war: ›Herzlich willkommen! Du bist ja wunderbar groß, siehst aber unmöglich aus und brauchst dringend etwas Mode. Hat dir denn in Deutschland niemand beigebracht, dich gut anzuziehen? Sobald mein Sohn aus Argentinien zurück ist, wirst du ihn heiraten.‹« »Abgemacht«, war das erste Wort, was sie an die Freundin der Mutter richtete. Es entstand eine tiefe Freundschaft zwischen diesen beiden Frauen. Alles, was sie über Mode und das Leben lernen konnte, brachte ihr die ältere Freundin bei. Sie trug endlich Hosen, Pullover und Blusen, statt sich mit geblümten Mädchenkleidern zu verkleiden. Sie lernte rauchen, was ja gut funktioniert haben musste, da sie es ja bis zum heutigen Tag nicht aufgegeben hatte. Nicht einmal in 10 000 Meter Höhe.

So geistreich und fundiert wie mit ihr habe ich danach nie wieder mit einer Nicht-Textilerin über Stoffe, Qualitäten und Schnitte sprechen können. Es ist so wichtig zu wissen, was wir uns kaufen, welches Material etwas für uns tut und was einer Trägerin im Wege steht. Sie liebte Tweed, Hosen und feminine Hemdblusen. Sehr gern trug sie großen Schmuck und flache Schuhe. Stets hatte sie um die Kraft ihrer Lippen und Augen und ihrer Haare gewusst, die sie nie zu lang getragen hatte. Sie hatte keine Angst vor großen Kappen, ausladende und auffällige Hüte gehörten jedoch nicht zu ihrer Garderobe.

Als die Grundausstattung in Paris besorgt war, stürzten sich die beiden Frauen in das Pariser Nachtleben. »In der Not lässt es sich gut feiern, wenn alle im selben Boot sitzen«, sagte ihr Danièle. »Es musste eben gelebt werden, was das Zeug hält. Die einzige Aufgabe des Lebens ist damals wie heute: zu leben«, erzählte sie mir, »gut zu leben. So gut wie möglich.« Dieses »so gut wie möglich« beinhaltete auch, alles zu erleben, sich gehen zu lassen, auch erotisch, bis der geliebte Sohn aus der Ferne zurückkam. »Dieses Versprechen stand«, sagte sie mir. »Es war der erste Pakt meines Lebens. Danièle hatte mir gezeigt, was Freiheit bedeutete. Ich liebte sie dafür aus vollem Herzen. Sie wollte ihrem Sohn eben niemanden an die Seite stellen, der etwas verpasst hatte.« Frauen können so gescheit sein, wenn sie nur gelassen werden! Als der Krieg endlich vorbei war und Paris wieder frei, ohne deutsche Besatzung, waren zwei Frauen aus zwei Generationen zu einer festen Einheit zusammengewachsen.

Sie beschrieb das erste Treffen mit ihrem Mann folgendermaßen: Als sie in den Salon trat, stand dort – wie vom Himmel geschickt – ein schlanker junger Mann mit dem Rücken zu ihr. Er schaute aus dem Fenster und hatte – selbstredend – eine Zigarette in der Hand und trug eben jenen Turmalinring. Als er sich umdrehte, sagte sie: »Hallo! Wie schön, dass du endlich da bist. Ich bin deine Frau, wir werden heiraten.« »Wunderbar«, sagte er. »Ich freue mich, auf dich und das Leben mit dir!«

Als ich ihr nach der Landung in den Mantel half, spürte ich, was Qualität auch an einer älteren Dame vollbringen kann. Was für ein Look, was für eine Frau, was für ein Leben! Ich machte ihr das Angebot, sie in meinem Auto mit nach München zu nehmen. Sie war gleich begeistert und folgte mir in das Flughafenparkhaus. Ich tippte ihre Schwabinger Adresse in mein Navigationsgerät ein. Sie liebte meinen Wagen. »Guido«, sagte sie, »Sie fahren ja in einer perfekten Handtasche durch die Gegend.« »Ja«, entgegnete ich, »und jetzt wird vermutlich die erste Zigarette in ihr geraucht.« Sie lachte laut und paffte die »Handtasche« voll. Als wir vor ihrer Haustür standen, sagte sie: »Du kommst mit herein, ich habe schon Jahre keinen Mann mehr abgeschleppt.« Und wir lachten beide laut.

In der Wohnung war es still. Es roch nach Leben, das sich bald verabschieden wird. Eine polnische Pflegerin kam auf uns zu, begrüßte uns herzlich und führte uns an das Bett ihres Mannes. Da lag er, der Langersehnte, die Liebe ihres Lebens. Sie hatte ihn nie mehr verlassen, war immer noch an seiner Seite. Sie stellte mich vor, ich drückte seine Hand. Wir tranken ein Glas Wein, an seinem Bett sitzend. Sie erzählte von meinem Auto. Ich sog diesen Moment tief auf. Ich weiß, wann mir das

Leben etwas beibringen will. »Stell dir einmal vor«, sagte sie zu ihrem Mann, »er hat eine Dame in seinem Auto, die ihm mit nerviger Stimme den Weg erklärt. Ich bin mir sicher, bei der Stimme findet sie nie einen Mann.« Dann lachte sie so laut, dass sie nicht hörte, wie ich leise zu ihrem Mann sagte: »Singen kann sie aber nicht, oder?« »Gott bewahre«, sagte er, »aber sie bringt immer junge, sympathische Männer mit ins Haus, die ihre Koffer schleppen müssen.« Danke, Leben, dachte ich.

WORAN ERKENNEN SIE DIE WALKÜRE

Dieser Frauentyp ist immer wieder staunenden und bewundernden Blicken ausgesetzt. Mit ihren markanten Schultern und ihren langen Beinen ist sie sehr häufig eine Erscheinung. Kleiner Nachteil des Figurtyps: Die schmalen Hüften, die häufig genauso breit sind wie die Taille, bergen die Gefahr, dass die große sympathische Walküre sehr sportlich wirken kann. Häufig ist die einzig definierte Rundung der Kopf. Dieser Frauentyp muss, wie die ganz Kleinen, darauf achten, nicht zu stark zuzunehmen, da sie sonst sehr massiv wirken können.

Prominente Walküren: die schwimmende Prinzessin Charlène von Monaco, die sympathische Cameron Diaz

IHR LOOK

Ihre Oberteile

Für die sportliche Walküre sind Tops mit ausladenden Fledermausärmeln, Blusen im Kimono-Look und Hemden mit sehr schmalen Ärmeln wie gemacht. Aber auch Schluppenblusen tun viel für die Walküren, weil sie sie sehr weiblich machen. Kleine Raffungen und Plissees sowie Legefalten geben etwas Oberweite. Gleiches gilt für aufgesetzte Taschen, die wunderbar für Sie sind. Tiefe Taillengürtel auf geraden Oberteilen von guter Qualität – der Rest der Welt und ich sind begeistert! Achten Sie darauf, dass die Oberteile immer in gedeckten Farben und vor allem uni gekauft werden. Kleine Streublumen wirken an Ihnen deplacé! Vermutlich waren Sie schon als Kind, als man Sie als Blumenmädchen einspannen wollte, größer als die Braut.

Dicke Strickpullis brauchen kleine Highlights wie Raglannähte, dann trägt das Teil aus Wolle nicht auf, gibt Ihnen aber trotzdem Form – denken Sie dran: Schick in Strick ist genau Ihr Ding! Wenn Sie etwas modemutiger sind, dann setzen Sie auf tiefe Ausschnitte und extravagante Oberteile mit viel Muster oder Glitzer.

Ihre Unterteile

Niemand anderem stehen Tulpenröcke so gut wie Ihrer Y-Figur. Eine weitere modische Erfindung, die eigentlich NUR von Ihnen getragen werden sollte, sind die Leggings. Sie haben die Beine für die Stretchhose, die bei allen anderen Figurtypen gnadenlos jede Problemzone aufdeckt. Das Gleiche gilt übrigens für ungewöhnliche Strumpfhosen. Einen großen Bogen sollten Sie um Schlaghosen und Boot-Cut-Jeans machen. Die sind einfach nichts für Sie. Im Gegensatz zu Hosen mit tiefem Schnitt, besonders in hellen Farben: Sie lassen das Bein optisch etwas breiter wirken und gleichen dadurch das Verhältnis zu den breiten Schultern und der schmalen Hüfte wieder etwas aus. Ein weiterer guter Kauf sind Shorts, die auch im Winter – dann natürlich mit Strumpfhosen – getragen werden können. Stiefel können toll aussehen, aber bitte achten Sie darauf, dass der Look feminin bleibt, sonst denken die Menschen, Sie seien ein Stiefelknecht.

Ihre Kleider

Für ein besonders weibliches Auftreten sind Minikleider mit geradem Schnitt die beste Lösung. Sie betonen Ihre langen, schmalen Beine. Alle Kleider, die gerade geschnitten sind, mit tiefen Taillen, gern auch mit seitlichen Eingriffstaschen, können so toll an Ihnen sein! Mit einem kleinen Ankle-Boot und der richtigen Tasche sind Sie überall die Größte – im besten Sinne des Wortes. Aber auch Abendkleider mit aufregendem Wasserfalldekolleté oder One-Shoulder-Kleider stehen Ihnen perfekt. Tragen Sie ruhig mal etwas exzentrische, dunkle Kleider – die Welt wird Ihnen zu Füßen liegen. Ein weiterer Hingucker sind Etuikleider mit langen Ärmeln, besonders schön mit leichtem Uniformtouch. Für die unter Ihnen, die vor lauter Sport den Busen in einen Brustmuskel verwandelt haben, empfehle ich einen Push-up-BH und einen Bodyformer. Haben Sie keine Angst vor Spitze – das macht Sie feminin und aufregend.

Ihre Accessoires

Empfehlenswert: große, eckige Ketten und Halstücher, die großzügig um den Ausschnitt drapiert werden. Eckige Shopper und Clutchbags, die auf Hüfthöhe getragen werden, runden jeden Ihrer Looks ab. Clutches bitte nie unter die Achsel klemmen, das macht den Oberkörper noch breiter.

Ihre Schuhe

Sie sollten Wert auf ungewöhnliche Schuhe legen, denn so treten Ihre meterlangen Beine in den Fokus. Die Absätze sollten schmal sein, breitere Modelle können schnell sehr maskulin wirken. Eigentlich ist die Absatzhöhe egal, allerdings sind vielen Männern überdurchschnittlich große Frauen nicht ganz geheuer.

Ihr Beauty-Look

Ein Kurzhaarschnitt, etwa ein gegelter Pixie-Schnitt oder ein akkurat gelegter Bob, sind Ihre Frisuren. Sie passen zu Ihrer athletischen Figur wie die Faust aufs Auge – ohne dabei zu maskulin zu wirken. Aber auch große Locken, die nicht zu lang getragen werden, können wunderbar sein. Kappen und Baskenmützen können an Ihnen sehr geheimnisvoll wirken und machen aus Ihnen eine Agentin, der niemand auf die Schliche kommt. Große Hüte mit Federaufbau und Blüten sollen bitteschön die anderen beim Pferderennen tragen! Wenn Sie das berücksichtigen, können Sie beim Derby nur gewinnen, und wenn Sie einen guten Tag haben, mal eben den 1,32 m großen Jockey auf seinen Hopper heben.

STYLING-TIPPS FÜR

… den Tages-Look

Die Y-Form macht eine tolle Figur in einem gerade geschnittenen Strickkleid inklusive Rollkragen und flachen Overknee-Stiefeln. Als i-Tüpfelchen bietet sich eine schöne Statementkette an.

… den Business-Look

Bei Ihren Kollegen im Büro können Sie zum Beispiel mit einer hellen Hüfthose, einer dunklen Bluse und eleganten Pumps punkten.

… den Party-Look

Wenn Sie Ihre Beine mit tollen Shorts betonen, kann die restliche Frauenwelt einpacken. Dazu sollten ein lockeres Shirt und schlichte Ankle-Boots getragen werden.

… die Sommersaison

Auch am Strand sind Sie ein Augenschmaus! Besonders in Neckholder-Badeanzügen, die mit auffälligen Details wie Knöpfen und Reißverschlüssen Ihren Oberkörper schmaler aussehen lassen.

… die Wintersaison

Sie haben die freie Wahl zwischen einem kurzen Cape, einer Jacke, einem voluminösen Parka (aber nur zu figurbetontem Rest-Outfit) oder einem Egg-Shape-Mantel. Beneidenswert!

DON'T FORGET FÜR DIE WALKÜRE

Sie sollten auf jeden Fall in mindestens zwei gute Push-up-BHs investieren – denn die sind ja bekanntlich wahre Zauberer bei kleinen Oberweiten. Sie können dann auch große, weiche Ausschnitte tragen, denn Ihr Dekolleté wird durch den Push-up gut ausgefüllt. Röcke mit Querstreifen verbreitern die schmale Hüfte und zaubern schöne Kurven herbei. Hosen können mit leicht hochgekrempelten Hosenbeinen gleich lässiger wirken. Sie sollten unbedingt auf die Stoffauswahl beim Einkauf achten. Harte Stoffe wie Organza lassen Sie schnell kantig wirken, während weiches Material wie Satin Ihre weibliche Seite betont.

DER KUGELFISCH ODER DIE KLEINE RUNDE

»Was an Land die Beweglichkeit einschränken kann, entwickelt im Wasser eine unerwartete Mobilität!«

Der Kugelfisch im Aquarium wird auf Anhieb von fast allen geliebt. Das menschliche Gegenstück – alles ist rund, mit Ausnahme von Beinen, Armen und manchmal auch noch Brust – lebt nicht ganz so einfach mit seiner Umwelt. Die kleine Runde hat nämlich die schwierigsten Voraussetzungen überhaupt, sich gut zu kleiden. Rund steht eigentlich für komplett, für beweglich, nicht starr. Rund eckt nicht gerne an und ist, wenn einmal ins Rollen gebracht, meist auch nicht mehr aufzuhalten. Im Wasser entwickelt es eine unerwartete Mobilität, an Land ist die Beweglichkeit allerdings einschränkt.

Verflucht sei der Urmensch vor der Höhle, der auf Futter warten musste. Weil der Herr Urgemahl seiner Familie das versprochene Mammut oft nicht bringen konnte, musste die Sippe daheim darben. Und Fett einlagern, wenn gerade einmal ein Überangebot an Mammutfleisch da war. Hätte da nur früher eine der wartenden Damen den Acker bestellt – uns wäre der Fettspeicherwunsch unseres Körpers erspart geblieben. »Herzlichen Dank, Evolution«, möchte man da sagen! Also, meine Damen, Sie sind vermutlich nicht ganz unschuldig!

Diese Geschichte liegt einige Jahre zurück. Zu diesem Zeitpunkt wusste auch ich noch nicht, dass es Stellen gibt, die an einem Körper Rundungen ausbauen, wo laut Anatomie keine Vermehrung angedacht ist. Mein erstes, bewusst erlebtes Kugelfischmädchen machte auf sich aufmerksam, indem es mir ein Rührei in den Nacken kippte. »Herzlich willkommen in der Karibik!«, hörte ich es von hinten sagen. Es war allerdings der Ehemann des Kugelfischmädchens, der auf meinen Partner zustürmte, um sich bei ihm für das Missgeschick seiner Frau zu entschuldigen. Damals trug ich mein Haar noch lang und lockig und war so schlank und braun, dass ich bis heute bereue, nicht jeden Tag bauchfrei durch die Gegend gelaufen zu sein. Ich hätte von hinten als sonnenhungriges Girlie oder als unehelicher Sohn von Roberto Blanco durchgehen können.

Das Erste, was ich von der Eier-Schieberin selbst fühlte, waren ihre kleinen Finger in meinem Nacken und ein Ruck, der durch ihren prallen Kugelbauch verursacht wurde. Mein geliebter Frank war währenddessen schon bei einem »Kein Problem« und das Riesenbaby von Ehemann mit Shorts und den verbranntesten Beinen, die ich je in meinem Leben an einem Menschen gesehen hatte, nahm Platz. Es hörte auf den Namen Peter, genannt Pitty. To tell a long story short: Pitty und Sabine wurden unsere Urlaubsbegleitung. Es gab kaum ein Plätzchen, an dem wir nicht als Viererpack auftraten.

Sabine hatte keinen Po, keine Brust, dünne Arme und einen etwas zu kleinen Kopf. Aber dafür genau an den Stellen zu viel, wo es so wenig Sinn machte: am Bauch! Erstaunlicherweise hatte ihre Leibesfülle auch vor dem Rücken nicht Halt gemacht – er war so rund wie der einer griechischen Landschildkröte. Ich bin mir sicher, Pitty hatte keine Ahnung, dass es sich bei Sabines Figur um eine Herausforderung handelte, die schwer gut zu verpacken ist. Er fütterte sie ständig mit allem, was gekaut, geleckt oder eingesogen werden konnte. Als ich ihr zum ersten Mal das Bikinioberteil schloss, war klar, dass ich etwas für sie tun musste. Textil natürlich. Weil ich sehr gut mit Tüchern drapieren kann und nach eineinhalb Wochen Textilabstinenz eben das Bedürfnis hatte, Sabine einmal gut verpackt neben mir liegen zu sehen.

Wenn es eine Frau verstand, sich gegen ihre Figur anzuziehen, dann war es Sabine! Enge T-Shirts und Stringbikinis gehörten zu ihr, außerdem ein Strandtuch mit dem schlimmsten Muster, das jemals von einem bekifften Rasta am Strand gemalt wurde. Leider ging die neu entdeckte Liebe zum Tuch auf mein Konto, die hässlichen Muster auf die des Rastas und der Kauf des Albtraums allerdings auf sie. Als Sabine zum Abendessen das Tuch als Wickeltop missbrauchte, war klar: So geht es nicht mehr weiter. Wir wollten schließlich Erholung! Ich schwöre, schlechter wurde nie ein Tuch gebunden. Kein Kind hätte je darin Halt gefunden – ihr Bauch leider auch nicht. Da wir ja den Urlaub jetzt gemeinsam verbrachten und ich ihre Kreationen nicht mehr vergessen konnte – wie mir grade wieder bewusst wird –, bat ich sie: »Lass uns etwas verändern.« Der Plan: Ihre mitgebrachte Kleidung sichten, neu kombinieren (sofern überhaupt möglich) und den Kauf von Tüchern zukünftig rigoros unterbinden. Letzteres hätte bedeutet, Sabine Strandverbot zu erteilen. Zwecklos!

Sabine hatte einen riesigen Koffer dabei. Ich kann rückblickend sagen, dass nicht ein einziges Kleidungsstück darin etwas für sie und ihre Figur getan hätte. Es waren ausnahmslos enge und viel zu enge, bunte und viel zu bunte, kurze und viel zu kurze Fummelchen. Außerdem eine nicht unbeträchtliche Anzahl an Tüchern vom Rastaman, dem dringend das Handwerk gelegt werden sollte!

Unser Wunsch, in Santa Domingo etwas Abstand zu Strand und Begleitung zu bekommen, stellte sich als zum Scheitern verurteilter Versuch heraus. Pitty und Sabine abzuschütteln war aussichtslos. Im Bus hatten die beiden für uns alle bereits die letzte Bank reserviert. Glück und neue Freunde musst du haben, egal wo auf der Welt. Wir haben manchmal vor Lachen kaum einschlafen können, da wir seit diesem Urlaub wissen: Wir können nicht Nein sagen, sind viel zu nett und haben es manchmal auch genossen, Zaungast zu sein im Leben der anderen. Ich hoffe, mein Frank fährt eines guten Tages direkt in den Himmel, als Wiedergutmachung für den Versuch, Pitty in die spanische Sprache einzuführen. Dass seine von mir geliebte Mutter Schuldirektorin gewesen war, muss an dieser Stelle erwähnt werden. Geduld hat mein Frank mitbekommen, danke, Ursel!

Santa Domingo sollte eben nicht Kulturbesichtigung werden, sondern Shoppingtag mit Guido und der Versuch, das kleine, runde Ding endlich gut anzuziehen. Wir kauften ein hübsches Kleid in einer leichten Empireform. Leider in Mint. Sie war nicht davon abzubringen! Seis drum, es ist ja ihr Körper – obwohl es Mint war. Die Farbe kann ja schließlich nicht für die Passform verantwortlich gemacht werden. Ein leichtes Seidenkleid ohne Muster war die zweite Wahl. Vermutlich hatte der Tuchrasta vom Strand keinen Kontakt zu diesem Unternehmen – gottlob! Das Kleid war leicht ausgestellt, hatte ein hübsches Band unter der Brust und Legefalten an den Schultern, mit denen wir etwas mehr Brust an den Kugelfisch bekamen. Wir kauften einen Schal, der den zarten Cremeton des Kleides aufnahm. Dazu eine große Kette im Ethno-Stil, eine kleine Tasche aus geflochtenem Bast. Eine wunderschöne Sandale mit Keilabsatz, in der Farbe des Kleides und eben jenem Bast der

Tasche, war unsere Wahl. Wäre ihre Haut nicht so rot verbrannt gewesen, ich hätte »Perfekt« gerufen. Jeder Dermatologe hätte sie wohl sofort behandeln wollen. Sabine wusste davon natürlich nichts und entschied sich daher, für die letzten Tage den Sonnenschutzfaktor noch einmal drastisch zu reduzieren. Mutig ist, wer mit einem starken Sonnenbrand am karibischen Strand mit einer Piña colada einschläft. Bei unserem nächtlichen »Was-war-heute-los-am-Strand-Rückblick« waren wir uns sicher, dass Sabine und Pitty in diesen Ferien keinen Sex gehabt haben konnten. Ihre verbrannten Körper hätten die Reibung nicht ausgehalten.

Für den Abschluss unserer gemeinsamen Reise, die wir zwar unabhängig voneinander angetreten hatten, aber als Reisegruppe erlebten, war ein Kasinobesuch angedacht. Die Idee war, die letzten Pesos zu verspielen und das gewonnene Geld nach Bocca Nueva zu bringen. Bocca Nueva war ein von uns täglich besuchtes Dorf, in dem es eine arme Familie gab, deren Sohn Isido und seine Mutter Maria uns ans Herz gewachsen waren.

Der große Abend sollte, auch textil gesehen, für Sabine ein gelungener werden, das neue Outfit mit Kleid, Schuhen und Tasche zur Freude aller ausgeführt werden. An ihrem letzten Nachmittag blieb Sabines Strandliege unberührt. Der Plan war, nach Aussage von Brandopfer Pitty, Sabine mache sich fertig für ihren Abend mit einer Überraschung. Wir konnten, vor freudiger Erregung auf die Überraschung, uns selbst kaum anziehen, da wir uns sicher waren, es konnte nur schrecklich werden.

Wir wurden nicht enttäuscht. Als Sabine auf ihren neuen Schuhen anwackelte, dachten wir für einen Moment: »Wer hat ihr das angetan?« Sabine hatte sich ihr schulterlanges dünnes

Haar zu Hunderten von Rastazöpfchen flechten lassen, hatte jeden Zopf mit einer andersfarbigen Neonkugel fixiert und rot-weiße Streifen auf der Kopfhaut. Wie durch ein Wunder waren, trotz ihres dünnen Haares, nicht alle Stellen gleichermaßen verbrannt. Ihr Kopf wirkte wie ein roter Liebesapfel mit Hunderten von Perlen – in Neon. Seit dem Tag weiß ich: Selbst das beste Outfit hat keine Chance gegen Rastazöpfe an blonden Europäerinnen. Zu allem Übel hatten die fleißigen Rastazopfdamen am Strand ganze Arbeit geleistet. Die Zöpfe waren so eng eingeflochten, dass ihre Augen in Richtung Stirn wanderten. »OH MY GOD!«, mein so gut erzogener Frank konnte nicht mehr, schrie vor Lachen und sagte zu mir: »Well done, Guido, wirklich well done.«

Wir hatten an jenem Abend eine Glückssträhne im Kasino, haben eine Tüte voll Pesos gewonnen. Isido und seine Mutter hatten nun Schulgeld für ein Jahr und kauften noch ein Fahrrad für alle Kinder im Dorf. Pitty hatte nach zwei Minuten alles verspielt und Sabine brauchte Aspirin, um die zu engen Zöppe ertragen zu können. Seit dem Urlaub in der Karibik weiß ich, ein Kugelfisch braucht keine Zöppe und lebt manchmal auch in Wanne-Eickel.

WORAN ERKENNEN SIE DIE KLEINE RUNDE?

Dieser Frauentyp hat Bauch, mal mehr, mal weniger Busen und meistens einen runden Rücken. Der große Bauch ist im Fokus, die Schultern sind oft weich und rund, genauso verhält es sich mit dem Rücken. Häufig sind die Schultern flach abfallend, die Arme sind füllig. Als Wiedergutmachung gabs vom lieben Gott feste Oberschenkel und schmale Waden und leider häufig auch noch einen platten Hintern. Die Stärke dieses Figurtyps sind die Beine. Beine, Beine und nochmals Beine. Also, immer darauf achten, dass die Beinchen schmal wirken.

Prominente Kugelfische: meine liebe Freundin Vera, die Königin aus Schöneberg, die unvergessene Trude Herr und Dirk Bach, der sicherlich auch ein Kugelfisch war

IHR LOOK

Ihre Oberteile

Die Wahl der Tops hängt davon ab, wie gut Sie Ihr Bäuchlein verstecken wollen. Hängerchen mit breiten Trägern und legere Tops mit raffinierten Ausschnitten (z. B. schöne V-Ausschnitte) sowie mit angeschnittenen Ärmeln sind für Sie eine sichere Bank. Legen Sie Ihr Augenmerk gut an, in Form von lockeren Shirts, aufregenden Tuniken, gerade geschnittenen Blazern, die Ihre Schultern betonen. Tragen Sie Ihre Blazer wenn es geht immer offen. Für den nicht verdeckten Bauch nutzen Sie schöne Schals, Tücher und alles, was fließt und Ihnen Leichtigkeit gibt. Hauchzarte Kaschmirtücher tragen nicht auf und wärmen trotzdem optimal. Hände weg von zu großen Mustern, die Ihre Leibesfülle noch mehr in Szene setzen würden. Tragen Sie Längsstreifen, leichte Prints und gern auch etwas Glitzer – das macht Sie frisch und freundlich. Keine Angst vor kräftigen Farben – nur zu grell sollte es nicht sein. Toll sind Rot, Blau, Grün und alle anderen Farben, die Sie gernhaben. Achten Sie aber darauf, dass die Farben korrespondieren, das heißt aus der gleichen Farbfamilie kommen. Colour-Blocking ist nichts für Sie.

Ihre Unterteile

Sie sollten unbedingt Ihre tollen Beine betonen! Das gelingt am besten mit knielangen Röcken, die keinesfalls unterhalb des Knies, sondern AM Knie enden sollten. Ein gerade geschnittener Rock darf bei Ihnen gern bodenlang sein, mit einem bequemen Gummizug an den Seiten gibt er Ihnen Tragekomfort. Kombiniert mit einem A-Linien-förmigen Oberteil gibt Ihnen das eine super Proportion. Sie sollten unbedingt darauf achten, dass die Materialien dieser Röcke edel sind, dann werden Ihre tollen Beine besonders in Szene gesetzt. Faltenröcke sind dagegen der Feind aller O-Frauen. Gerade geschnittene Jeans und Hosen mit Bügelfalte – am besten in hellen Farben – betonen die Beine, aber nur wenn das Oberteil eine gedeckte Farbe hat, das den Bauch versteckt. Niemals Plissee! Niemals Faltenröcke! Und niemals traurig sein – ein Kugelfisch hat das Herz besonders oft am rechten Fleck. Dieser Figurtyp braucht eine sichere Style-Hand, denn ein Kugelfisch ist sehr schwierig anzuziehen und eine Herausforderung für jeden Stylisten.

Ihre Kleider

Egal ob Cocktaildress, Casual oder Abendrobe – Ihre Kleider sollten einen locker fallenden Schnitt haben und leicht ausgestellt sein. Schlichte Kleider werden am besten mit auffälligen Ketten und Ringen aufgepeppt. Spitzenkleider in A-Linie sind nicht nur feminin, sie sind eine ausgezeichnete Wahl für Sie. Zarte Lagen in Chiffon, etwas Glitzer und ein V-Ausschnitt können wunderbar an Ihnen sein – das gilt für alle Ihre Kleider. Lassen Sie es flattern!

Ihre Accessoires

Sie tun sich keinen Gefallen mit feinen, zarten Accessoires. Kleine Schmetterlinge, zierliche Maikäfer und zarte Kreuzchen an dünnen Kettchen fallen an Ihnen nicht auf. Sie brauchen Prunk und Protz! Große Tücher, grobe Ketten, unübersehbare Broschen und schwere Cocktailringe sind die beste Wahl. Von Gürteln jeglicher Art sollten Sie sich so schnell wie möglich trennen.

Eine Henkeltasche, die nahe am Bein getragen wird, lenkt das Auge des Betrachters auf Ihre schönen Beine. Clutchbags und Hüfttaschen sind dagegen nichts für Sie. Tolle Brillen und große farbige Strandtaschen – von mir aus Lametta im Haar, Glitzer und verrückte Flipflops gehen immer! Fallen Sie auf und setzen Sie ein Modestatement. Wie unsere Freundin Vera auf Mykonos das jedes Jahr tut.

Ihre Schuhe

Pumps mit Pfennigabsätzen und schmalen Riemchen stehen Ihnen nicht besonders gut. Im Gegensatz zu High Heels mit Blockabsätzen und Wedges, die wunderbar zu Ihrem Oberkörper passen. Aber auch flache Schuhe können Sie gut tragen. Sie sind der Typ für glitzernde Sommersandalen und kleine weiße Turnschuhe (auch wenn Sie dann aussehen wie die Reederin selbst – man kann sich bei Ihnen gut vorstellen, dass Sie den Kahn sicher nach Hause schippern). Stiefel sollten nicht zu massiv wirken. UGGs sind für Sie verboten, egal wie warm sie halten. Kleine Stiefeletten begeistern Sie und Ihre Umwelt!

Ihr Beauty-Look

Sie sind die Weiblichkeit in Person und sollten das auch in Ihrem Beauty-Look widerspiegeln. Bitte tragen Sie Ihre Haare nicht zu lang. Aufregende Kurzhaarschnitte, von mir aus auch mal eine gefärbte Strähne, lange Wimpern – perfekt! Und jetzt kommts, Sie müssen jetzt sehr stark sein: Bitte flechten Sie sich keine Zöppe! Auch kein Bauernzöpfchen. Sie sollten nichts tun, was »Kleines dickes Mädchen!« ruft. Sie sind erwachsen und haben sich Ihren Bauch redlich verdient – stehen Sie dazu!

STYLING-TIPPS FÜR …

… den Tages-Look

Für einen entspannten Sonntag mit der besseren Hälfte sind helle Jeans mit einem lockeren Top eine gute Entscheidung. Zu diesem Look passen besonders bequeme, aber nicht zu hohe Pumps. Wer seinen Bauch auch im Sommer etwas verstecken möchte, greift zu Hemden mit aufgesetzten Taschen im Brustbereich und nicht zu langen Ärmeln, die locker an Ihnen hängen.

… den Business-Look

Ein leicht schwingender A-Linien-Rock, eine dunkle Bluse und ein schwarzer Blazer sorgen für souveränes Auftreten bei wichtigen Meetings. Den letzten Schliff bekommt dieses Outfit mit einer schönen, großen Kette. Schmale Hosen und kleine Ankle-Boots können toll sein mit einer reverslosen Jacke, zum Beispiel im asiatischen Stil. Alternativ geht auch ein leicht überschnittenes Oberteil mit langem Schalkragen.

… den Party-Look

Ein tolles Party-Outfit? Kein Problem! Es besteht aus einem gerade geschnittenen Kleid mit kurzer Jacke, viel Schmuck an Hals und Arm und schicken Heels.

… die Sommersaison

Damit Sie auch am Strand eine gute Figur machen, brauchen Sie Badeanzüge. Raffungen am Bauch können helfen, selbigen etwas schmaler wirken zu lassen. Ihr MUST-Have: eine Tunika oder ein Pareo. Den Pareo sollten Sie immer tragen – nur beim Schwimmen und wenn Sie in der Sonne braten wie ein junger Backfisch, können Sie auf ihn verzichten. Wenn Sie dann die Strandbar aufsuchen in Ihrem traumhaften Pareo, mit gepflegten kleinen Nägeln, den aufregendsten Flipflops, die jemals Brasilien verlassen haben, und einer modernen Sonnenbrille – Sie werden die gesamte Strandtruppe für sich gewinnen können!

… die Wintersaison

Bei Mänteln für die kalte Jahreszeit sollte der Fokus auf der Schulterpartie liegen. Wählen Sie dazu eine verdeckte Knopfleiste, aber keine aufgenähten Seitentaschen. Jacken sollten an der Hüfte enden und keine Knöpfe haben. Ein treuer Begleiter ist außerdem ein weites Cape, das perfekt den Bauch kaschiert. Egg-Shape und Ponchos können so toll an Ihnen aussehen – achten Sie aber darauf, dass ein Poncho bei Ihnen nicht groß pelzbesetzt ist, zum Beispiel. in Form von Fuchsschwänzen an Saum und Kragen.

DON'T FORGET
FÜR DIE KLEINE RUNDE

Sie sind eine tolle Frau, die das Leben liebt. Deshalb sind Leo- und Flowerprints immer eine gute Idee für Ihren Look. Kleine, zierliche Muster sollten Sie lieber meiden. Bei der Stoffwahl tun Sie sich einen Gefallen, wenn Sie auf matte Materialien für die Bauchregion achten, aber das Spiel von glänzend und matt, strukturiert und glatt, Ton in Ton sollte immer die erste und beste Wahl für Sie sein. Investieren Sie in gut sitzende Wäsche, die bequem ist. Obacht: Minitaschen und kleine Rucksäcke, Ballonröcke und Hosen im Karottenstil, kleine enge Gürtel und bauchfrei sind für Sie verboten!

DIE ALLES-OBEN-FRAU ODER DAS HIMMELSMÄDCHEN

»Wenn alles oben ist, dann spielen die Beine eine untergeordnete Rolle!«

Die Alles-oben-Frau hat im Vergleich zum Kugelfisch auch viel Brust! Eine wunderbare Vertreterin dieser Kategorie ist meine »Frau Maisenkaiser«, die nicht nur durch ihre Leibesfülle eine ernst zu nehmende Erscheinung war, sondern auch durch ihren einzigartigen Charakter.

Mein erster Atelierkontakt mit jener Dame wird mir auf ewig in Erinnerung bleiben, da besagte Kundin die flotteste Autofahrerin war, die jemals unseren Parkplatz beehrt hat. Es gab keine Schneiderin, keine Verwaltungsangestellte, keine Lagerkraft, keine Nachbarn und sicher keine brütenden Vögel im Umkreis von einem Kilometer, die überhört hätten, was da kam – die komprimierteste Energiequelle in einer 1,50 Meter großen Dame, die jemals unsere Betriebsstätte besucht hatte. Wenn sich ein Dauerbluthochdruck von 180 zu 100 erst einmal ein Zuhause in einer parkuhrgroßen Dame genommen hat, verspricht das Energie und Sprungkraft.

Besagte Kundin hatte ein warmes Herz für den Chef des Hauses, also mich, sodass mir das Glück zuteilwurde, diesen Elan zu erleben. Als Großunternehmerin und Erbin eines beachtlichen Immobilienvermögens verfluchte sie ihren Mann noch post mortem für die Hinterlassenschaften. »Herr Kretschmer, mein Mann hat mich nicht nur zu Lebzeiten auf das Äußerste genervt, sondern hinterlässt mir auch noch einen Straßenzug mit unzähligen Mietern. Was sagen Sie denn dazu?« Ich sagte: »So ein Straßenzug ist ja nicht das Schlechteste, was als Erinnerung an den ungeliebten Gatten bleiben kann.« »Papperlapapp, Herr Kretschmer, die Wahrheit ist, die Mieter bringen mich ins Grab.«

Während Maß genommen wurde, zog sie ohne Unterlass halb fertige Kleider anderer Kundinnen von den Bügeln und Zuschneidetischen. Unterdessen plapperte sie so heiter drauflos, dass manche meiner Mitarbeiter ihre Arbeiten nicht mehr ausführen konnten und gebannt an »Frau Maisenkaisers« Lippen klebten. Was da an Entertainment und Weisheiten in die Welt geschleudert wurde, war einzigartig. Sie wollte es groß. Sie wollte Pailletten. Und sie wollte Auffallen um jeden Preis. Sie wollte es bequem und, ganz wichtig: halsfern! »Ich brauche Luft zum Atmen«, sagte sie, »wenn Ihre Tanten mir einen Kragen einsetzen, kann ich für nichts mehr garantieren.« Das Atelier liegt zur Hof- und Parkplatzseite und meine Damen in der Schneiderei konnten noch Jahre später die Bremsspur ihres Mercedes 280 vor ihren Tischen verblassen sehen. Ich hätte alles von ihnen verlangen können, aber keinen Kragen für »Frau Maisenkaiser«.

Ihre Drohung hatte wie ihre Bremsspur Nachhaltigkeit! Das Himmelsmädchen war ein ausgewachsenes Weibsbild mit viel Geld und der Absicht, auf jedem Unternehmerball, jeder Party und auf jeder Kreuzfahrt aufzufallen – koste es, was es wolle. Vor allem auf dem Ball der Frau Ohoven in Düsseldorf wollte sie bleibenden Eindruck hinterlassen. Nur der liebe Gott weiß, wie sie die Karte ergattert hatte, da sie laut ihrer Aussage eigentlich überhaupt keinen gesellschaftlichen Anschluss hatte.

Textiler Partner für diese Aufgabe waren mein Team und ich. Pailletten, Kristall und alles, was an Kurzwaren »Hallo« schreien konnte, kamen zum Einsatz. Sie verfügte über straffe, fast schlanke Beine und kleine entschlossene Hände. Sie trug ihr Haar hochgesteckt und war so blond wie ein pommersches Weizenfeld. Ich habe nie mehr eine Dame getroffen, die so viele Brillantringe auf einer Hand tragen konnte. Ich bin mir sicher, den Überfall auf ihre Preziosen hätte kein Angreifer überlebt. Ihre Hände waren so flink, dass sie auch nicht scheute, bei der leisesten Entgleitung einer Abstecknadel blitzschnell nach der bedienenden Kraft zu schlagen. »Im Affekt«, pflegte sie dann zu sagen: »Na ja, dann ist es ja etwas anderes, sozusagen Notwehr.« Das wilde, unbändige Ding war uns nach kurzer Zeit ans Herz gewachsen, da sie liebevoll und so großzügig war. Geschichten, Weisheiten, Gebäck und Geldgeschenke trafen das Herz- und das Verzeihzentrum von so einigen meiner Mitarbeiter. Während wir versuchten, einen pastellfarbenen Paillettenstoff in ein Cape zu verwandeln und sie in einen schmalen Seidenrock zu quetschen, erzählte sie fortlaufend von all den Mietern, denen sie in regelmäßigen Abständen ihre Aufwartung machte.

»Herr Kretschmer«, sagte sie, »ich habe fast zweieinhalb Monate gebraucht, bis ich fast alle meine Mieter persönlich besucht hatte. Stellen Sie sich einmal vor, Sie machen Ihren Mietern eine Aufwartung und stellen ihnen auch noch Wohnraum zur Verfügung – manche von denen machen nicht einmal die Tür auf! Nicht einmal hereingebeten zu werden in die eigenen vier Wände ist doch wohl ein starkes Stück, oder was denken Sie?« Mein Vorschlag, sich Erleichterung zu verschaffen, indem sie doch bitte den Immobilienverwalter ihres Mannes wieder ins Boot holen solle, wurde nicht sehr wohlwollend kommentiert. »Herr Kretschmer, Mieter wollen auch wissen, wer die Hütte besitzt und an wen sie jeden Monat pünktlich ihre Miete überweisen.« »Ach so«, dachte ich … »Stellen Sie sich vor«, sagte sie einmal zu einer Auszubildenden, »Sie wären in meiner Lage. All die Probleme mit den Nebenkosten, der Renovierung und dem Vandalismus in meinen Häusern. Sie können dem Himmel dafür danken, dass Sie nicht vermögend sind. Sie haben alles, ich den Ärger. Denken Sie auch einmal an Ihren armen Vermieter.«

Im Laufe der Monate wurde eine Vielzahl von Kleidern, Hosen und eben Capes in allen Variationen für sie gearbeitet. Oft stellte ich mir vor, wie Sie auf dem Weg zu irgendeinem Abendessen mit ihren auffälligen Kreationen noch kurz bei den erstaunten Mietern vorbeischaute, um sich für die pünktlich bezahlte Miete zu bedanken. Aber der ultimative Auftritt sollte die Einladung zur ohovschen Charityveranstaltung in Düsseldorf sein. Ihr textiler D-Day sozusagen. »Alles zu haben«, sagte sie oft, »außer gesellschaftlichem Anschluss ist die Höchststrafe! Arm zu sein muss entspannt sein, Sie brauchen nie zu verbergen, was Ihnen alles abhanden kommen könnte.« Ihr gesellschaftlicher Anschluss sollte in Form eines dunkelgrünen Paillettenkleides von uns vorbereitet werden. Kragenlos, selbstredend. Ich habe es mir nie nehmen lassen, die Anproben mit ihr selbst zu übernehmen. Wie oft habe ich vor ihr auf dem Boden gehockt, habe den Saum abgesteckt und ihr zugehört. »Frau Maisenkaiser« und ich konnten uns auf eine wundersame Weise die Bälle zuwerfen. Humor ist etwas wunderbar Verbindendes. Wir waren ein gutes Team! Als ich sie einmal versehentlich mit einer Nadel stach, schlug sie direkt nach einer meiner Angestellten, lächelte mich an und sagte: »Ich habe es genau gesehen, die hat Sie angerempelt. Sie haben es auch nicht leicht, Herr Kretschmer. Aber steigen Sie bitte niemals in die Immobilienbranche ein, sollten Sie zu Vermögen kommen.«

Besonders hat mir gefallen, wenn sie vor dem Spiegel stand und sich betrachtete, erregt wie ein junges Birkhuhn, das zum ersten Mal in seinem jungen Leben einen Auerhahn entdeckt hatte. »Das Größte ist es«, sagte sie, »im Zentrum der Aufmerksamkeit zu stehen.« Ich bin mir sicher, ihre Blutdruckpräparate hatten an solchen Tagen keine Chance, ihre Aufgabe zu erfüllen. Textile Erregung setzt Antihypertonika sicher bei mancher Dame außer Kraft. Sie hatte etwas von Montserrat Caballé, der großen Operndiva, oder einem Dirigenten, da sie mit ihren Händen ständig versuchte, den Takt anzugeben. Sie lief manchmal wie ein aufgescheuchtes Huhn durch das Atelier, war aufgeregt und wollte für die Vollendung ihres Looks eine Feder, eine Litze oder Strass-Steine. »Den letzten Pfiff mache ich selbst«, hat sie immer gesagt. »Herr Kretschmer, wir sind ein tolles Gespann.« Wenn eine Federboa oder sonst eine Zutat oder eine Brosche ihr Wohlgefallen fand, dann strahlte sie so sehr und rief: »Perfekt, Herr Kretschmer! Das ist herrrrrrrrrlich.« Und alle haben sich gefreut.

Ihre Freude kam mit 180 zu 100 PS. Was hatte der liebe Gott nur vorgehabt, als er sie entworfen hatte. Der Motor war zu schnell für die ganze Karosserie. So schnell, wie sie Auto fuhr, war auch ihr Mundwerk. Wie können 130 Kilo nur so plappern. Jedes Gramm ihres runden Körpers musste doch durch den kleinen Mund aufgenommen werden, aber es war ein Wunder, dass sie überhaupt Zeit zum Essen fand.

Gefallen hat mir immer, wenn sie von dem Tag sprach, an dem das Ereignis mit dem Mofa stattfand. Diese Geschichte hatte ihr Wohnweltbild nachhaltig erschüttert: Bei einem ihrer obligatorischen Hausbesuche führte sie ihr Weg in eine, wie sie zu sagen pflegte, »Viereinhalb-Zimmer-sogar-mit-Balkon-und-Doppelbad-Wohnung kernsaniert«, gesprochen mit einem sehr langen »e«: keeernsaniert. Wenn sie etwas nicht mochte, dann Schmutz, Unordnung, Dummheit, Banken, Gewerbesteuer und PS auf zwei Rädern. »Wer sich kein Auto leisten kann«, sagte sie, »soll mit der Bahn fahren. Hören Sie doch auf mit der Freiheit auf zwei Rädern. Wenn die Leute in der Jugend nicht so viel Fahrrad fahren würden, kämen sie gar nicht auf die Idee, sich irgendwann als erwachsener Mensch einen Motor dranzuhängen. China und Holland haben für mich ein ernsthaftes Problem, Herr Kretschmer. Wenn Räder automatisch rollen, sollten sie auch die Möglichkeit dazu bekommen. Ich bin modern, das Auto ist der beste Freund in meinem Leben, und wer es nicht fährt, ist dämlich.« Ich habe ihr nie erzählt, dass in meiner Heimatstadt Münster ein Fahrradparkhaus gebaut wurde. Sie hätte, wenn ihr die Liegenschaft gehört hätte, niemals ihre Erlaubnis dazu gegeben, da bin ich mir sicher! In jener Traum-Doppelbad-Wohnung wurde die Tür wohl von der Tochter des Hauses geöffnet. Ohne dass ihr jemand Einhalt gebieten konnte, drang »Frau Maisenkaiser« direkt in das Herz der Immobilie vor. Auf dem Wohnzimmertisch stand ein Mofa, zerlegt in all seine Einzelteile. Der Boden, ihr Parkettboden, war ölverschmiert. Es stellte sich heraus, dass dieses Traumetablissement zur Hälfte als Wohnung und zur Hälfte als Werkstatt missbraucht wurde. Ihr Alptraum hatte Gestalt angenommen. Hinter jeder Tür wurde ab jetzt eine Reparaturwerkstatt oder eine Scheinselbstständigkeit vermutet.

Das große Paillettenkleid war die letzte Bestellung, die sie bei uns arbeiten ließ. Sie hat den großen Ball nicht mehr erleben dürfen. Ich bin so froh, dass sie nicht von einem Mofa angefahren wurde. Ihre Haushälterin erzählte mir später in einem Brief, dass sie sich am Tag ihres Todes extrem verausgabt hatte. Aus Wut über das Chaos in einer Studenten-WG hatte sie stundenlang geputzt und ist anschließend tot umgefallen. Der letzte Satz in ihrem Brief lautete: »Sie wissen hoffentlich, wie gerne sie Sie hatte, lieber Herr Kretschmer. ›Dem Herrn Kretschmer hätte ich alles vermietet‹, pflegte sie zu sagen. Sie hatte Sie sehr, sehr gern.« »Ich sie auch«, dachte ich und hoffe, im Himmel fahren keine Mofas mit 180 zu 100.

WORAN ERKENNEN SIE DAS HIMMELSMÄDCHEN?

Wie der Name schon verrät, hat das Himmelsmädchen mehr oben als unten. Diese Körperform hat einen massiven Oberkörper, wenig bis gar keinen Po, aber dafür tolle Beine. Genau die sollte das Himmelsmädchen zusammen mit ihrer prallen Oberweite in Szene setzen – und schon wird der Kleiderkauf kein Frusterlebnis mehr.

Prominente Himmelsmädchen: die Traumstimme Barbra Streisand, die amüsante Bette Midler und die bepudelten Jacob Sisters

IHR LOOK

Ihre Oberteile

Ihre Tops und Blusen sollten vor allem eins sein: gut sitzend. Nicht zu eng. Und ganz wichtig: aus leichten, fließenden, matten Qualitäten gearbeitet sein. Um Ihren rundlichen Oberkörper zu schmälern, eignen sich Tops mit V-Ausschnitten! Wichtig: Da das Himmelsmädchen anstelle von Flügeln eher kräftige Oberarme hat, sollten Sie nichts Ärmelloses tragen (auch keine halben oder angeschnittenen Ärmelchen), da sie die Brust noch größer wirken lassen. Besonders von hinten tun zu kurze Ärmel leider nichts für Ihre Proportionen. Sie können Tops aus leichten zarten Stoffen mit langen Ärmeln und schönen Manschetten tragen. Auch mit kleinem Hohlsaum und großen Armbändern lenken Sie die Blicke von Ihren Schultern auf die Handgelenke. Zeigen Sie ruhig Ihren Vorbau – viele Frauen werden Sie um Ihre Brust beneiden. Wer ein Haus hat, mit einem Balkon, der nach vorn rausgeht, hat immer auch ein Plätzchen an der Sonne! Alle Oberteile sollten unifarben gehalten sein. Sollten Sie Muster lieben, arbeiten Sie mit dezenten Prints, gern farbverlaufend – die Intensivierung des Musters sollte sich allerdings nur in Ihrem unteren Taillen- und Hüftbereich ein Zuhause suchen. Von Querstreifen sollten Sie die Finger lassen. Zarte, feine Streifen können jedoch, wenn sie Ton in Ton gearbeitet werden, den Oberkörper optisch verschmälern. Ganz wichtig für Sie und Grundregel für alle Himmelsmädchen: oben nicht zu eng und unten schön schmal!

Ihre Unterteile

Herzlichen Glückwunsch, Sie sind gemacht für schmale Hosen, Röcke und sogar für Leggings! Dass Sie oben zu groß ausgefallen sind, relativiert sich relativ schnell, sobald Sie wissen, wie Sie sich am besten kleiden. Denn: Sie gehören zu den glücklichen Damen, die ohne Probleme Hüfthosen tragen dürfen und sollten. Gerade geschnittene Hosen stehen Ihnen genauso gut wie schmale Röhren und, wenn Sie wollen, auch fließende, aber nicht zu weit geschnittene Marlene-Hosen. Sie sollten darauf achten, dass die Leibhöhe tief geschnitten ist, weil das Ihre Beine optisch bis in den Himmel verlängert. Jeanshosen sind für Sie ebenfalls wunderbar, Sie können fast jede Waschung tragen. Auch die angesagten Prints in unterschiedlichen Farben lenken den Fokus auf Ihre tollen Beine. Sie sollten keine Angst vor Gesäßtaschen und aus Stoff gearbeiteten Gürteln haben, da Sie Ihnen etwas mehr Proportionalität geben (falls Sie einen eher flachen Hintern haben). Und noch mal herzlichen Glückwunsch! Denn Sie können sagen: »Ich trag den Rock, der mir gefällt.« Er sollte eng sein und Ihre Beine optimal betonen. Besonders geeignet für Sie: knielange A-Linien- und Bleistiftröcke, wenn der Bund nicht höher als auf der Hüfte liegt. Ihre weiblichen Kurven betonen Sie besonders gut mit knallengen, farbigen Stretchröcken, die mit auffallenden Raffungen und Rüschen verziert sind. Auch schmale Tulpenröcke gehen gut, aber bitte: keine Ballonröcke, keine groß plissierten Tellerröcke. Wenn Sie ein Rockabillygirl sind: Wählen Sie lieber eine Steghose statt eines gepunkteten Petticoats, Sie sehen sonst aus wie ein Zirkuszelt mit zwei Etagen. Oben Raubtierbändiger, unten Clown.

Ihre Kleider

Kurz und gerade geschnitten – Beine im Fokus. Weit und glockig verhindert textile Höhenflüge. Wie sollte es anders sein – Sie können mit einem A-förmig geschnittenen Kleid punkten. Sollten Sie Hängerchen lieben, die ganz laut »MÄDCHEN« rufen, dann bitte nicht zu eng und nicht zu lang. Ihre Devise muss immer lauten: Wenn es unten schwingt, muss eine Hand überm Knie Schluss sein, damit man Ihre schönen schlanken Beine noch erkennt. Wenn Sie eine junge Frau sind, die davon träumt, im Berliner Prenzlauer Berg oder, wie mancher schon schmunzelnd sagt, »pregnant hill« eine der modernen Mütter zu sein, empfehle ich: oben Kleid und unten schmale Hose tragen, Latte macchiato mit Sojamilch trinken, von Ihrer schwäbischen Heimat träumen und ganz entspannt Ihren Torben-Hendrik hüten! Für das elegante Abendkleid empfehle ich ein zartes Hängerchen in einer dunklen Farbe oder ein Kleid mit Glitzer und elf bis zwölf Federn, die unten in den Saum eingearbeitet sind. Ein Charlestonkleid am Körper und ein Glas Martini in der Hand sichern Ihnen ein volles Tanzkärtchen, da das Himmelsmädchen sich in der Regel gut bewegen kann.

Zwei flotte Beine lassen ein rundes Oben gern mal eine Pirouette drehen. Wenn Sie gemusterte Kleider lieben, achten Sie darauf, dass das Muster unten beginnt und spätestens ab Taillenhöhe ausläuft.

Ihre Accessoires

Ihre Accessoires dürfen groß und auffällig sein! Eine Kette macht keinen Sinn – tragen Sie 10! Auffällige mehrreihige Ketten, die nur bis ans Dekolleté reichen, sind schön für Sie! Sie schenken Ihnen einen eigenen, ganz speziellen Look. Das Himmelsmädchen braucht keine Angst vor Exzentrik zu haben! Große Armbänder, z. B. Statement- oder Cuff-Armbänder sind für Sie zu empfehlen. Ebenso wie aufregende Ohrringe, schmale funkelnde Gürtel und Taschen (die niemals quer über den Bauch getragen werden dürfen – nicht mal im Kindergarten). Die mittelgroßen Bags sind genau die richtige Größe für Sie! Von fragilen Clutchbags lassen Sie lieber die Finger, denn die verlieren sich an Ihrem Oberkörper. Die Henkel Ihrer Taschen sollten immer so lang sein, dass die Tasche, falls über die Schulter getragen, bis an die Hüfte reicht – dadurch schaffen Sie eine bessere Proportionalität. Lassen Sie sich tolle Ringe schenken!

Ihre Schuhe

Ihre Schuhe sollten besonders Ihre schönen Beine in Szene setzen. Entscheiden Sie sich deshalb für schicke schmale Absätze. Pumps mit breiten Absätzen und Wedges stellen Sie lieber in den hinteren Teil des Schuhschranks. Eine tolle Schuhfigur machen Sie auch in den gerade superangesagten Slippers. Etwas Glitzer und Applikationen sind wie für Frauen wie Sie entworfen worden. Stiefel mit interessanter Schnürung und Lochmustern können toll an Ihnen aussehen. Kleine Ankle-Boots mit auffälligen Details garantieren Ihnen einen perfekten Auftritt.

Ihr Beauty-Look

Ein Himmelsmädchen lebt oben und oben ist der Mund! Also: Vergessen Sie Ihren Mund nie. Gut geschminkte Lippen oder ein frischer Gloss, zusammen mit etwas Rouge, unterstreichen Ihre feminine Form und lassen Sie frisch und gesund wirken. Ein aufwendiges Augen-Make-up und ein strahlender Teint gehen immer und sind bei Ihnen ein Ausdruck von Stil und Raffinesse. Gepflegter Look heißt: Bitte nicht überschminkt, auch ein stilles Make-up kann toll bei Ihnen aussehen. Für Ihre Haare gilt: Weniger ist mehr! Riesenlockenfrisuren und hüftlange Rauschgoldengellocken kann das Christkind in Nürnberg sicher tragen, aber kein Himmelsmädchen mit Geschmack. Eine pfiffige Kurzhaarfrisur ist genauso toll wie eine schicke Fönfrisur. Ein exzentrischer Haarschnitt, der ein Statement setzt, kann Ihren Figurtyp sehr gut unterstützen.

STYLING-TIPPS FÜR …

… den Tages-Look

Ein weit geschnittenes Oberteil, Jeans und schicke Pumps ergeben das perfekte Outfit für einen normalen Tag im Büro oder einen ausgedehnten Shoppingbummel. Um den Look abzurunden, sollten Sie Ihren Oberkörper mit einer halblangen Kette betonen. Sehr schön für Sie wäre zum Beispiel auch eine helle Lederleggings, kombiniert mit einem taupefarbenen Stricktop und dazu passenden Ankle-Boots.

… den Business-Look

Für ein wichtiges Meeting eignen sich eine gerade geschnittene Hose und ein schlichtes Top. Dazu rate ich Ihnen zu einem kastenförmigen Blazer: ohne Schalkragen, ohne Revers, ohne große Knöpfe. Der Blazer sollte auf Po-Höhe enden. Ein kleiner Steg im Nacken (nicht zu verwechseln mit einem Nackensteak) gibt Ihnen eine schöne Form von hinten. Dazu passen am besten bequeme Peeptoes, natürlich mit gepflegten Füßen. Toll für Sie ist ein klassisches Kostüm mit schmalem Rock, die Jacke sollten Sie immer offen tragen. Ein kleiner schmaler Gürtel dazu – perfekt! Was Ihre Taille nicht kann, sollten Sie etwas tiefer an der Hüfte mit einem Gürtel erzählen. Wenn Sie mal einen ganz wichtigen Geschäftstermin haben, darf auch ein Bauchweghöschen zum Einsatz kommen. Ausnahme: Es handelt sich um ein 5-Gänge-Business-Dinner! Oder Sie sitzen bei 50 Grad im Schatten in Dubai. Oder Sie haben ein Date und wollen später eventuell noch ausgezogen werden.

… den Party-Look

Um ein Auftreten als elegante Partyqueen zu garantieren, tragen Sie ein A-Linien-Kleid (am besten in dunklen Farben) und eine Jacke, die bis zur Taille reicht. Sie können gewachste Hosen oder Lederleggings tragen, Sie Glückliche. Dazu ein schickes Top und große Ketten, die Ihren Oberkörper strecken. Abraten würde ich Ihnen von Corsagen. Sie sind nicht geeignet, wenn Brust und Bauch ausgeprägt sind. Tragen Sie auffällige Schuhe, die lenken die Aufmerksamkeit auf Ihre langen Beine. Mein Tipp für Himmelsmädchen: Lenken Sie alle Blicke auf Ihr atemberaubendes Dekolleté, Ihr zauberhaftes Lächeln, Ihre flinken Hände, Ihre tollen Beine und Ihre Füße in tollen Schuhen.

… die Sommersaison

Als sexy Strandperle tragen Sie auf der Sonnenliege einen Badeanzug mit Cups, Neckholder und breitem Höschen. Der Neckholder lässt Ihre Schultern schmaler wirken. Ein großer Sonnenhut schützt nicht nur vor aggressiven Sonnenstrahlen, sondern auch vor neidischen Blicken der restlichen Frauenwelt. Wichtig am Strand: aufregende Höschen und eher schlichte Oberteile. Sie können gern mit dem Erdmädchen einkaufen gehen und anschließend die Ober- und Unterteile tauschen. Der Badeanzug mit Minimizer und Bodyformer wurde für Sie erfunden – greifen Sie zu!

… die Wintersaison

Für einen guten Auftritt im Winter eignen sich für Sie ein zeitloser Egg-Shape-Mantel mit hohem Kragen und Strumpfhosen in leuchtenden Farben oder auffälligen Mustern. Mäntel mit Rundhals, gerade geschnitten und mit seitlichen Eingriffstaschen in Hüfthöhe, können Ihnen eine wunderschöne Hüfte zaubern und so das Missverhältnis zwischen oben und unten korrigieren. Ein Dufflecoat ist toll für Sie, lassen Sie bitte nur die Kapuze weg, tragen Sie stattdessen eine schicke Kappe. Tragen Sie keine Raglan- oder Fledermausärmel. Wenn Sie Wollcapes lieben, lassen Sie sie vorne offen und tragen Sie darunter einen Pullover mit einem weich fallenden Rollkragen. Unifarbene Jacken und Mäntel sind von Vorteil, auf Schottenkaros sollten Sie komplett verzichten. Es sei denn, Sie heißen Miss Marple! Zu große und zu voluminöse Schals sollten Sie den anderen überlassen. Für Sie sind zart bedruckte Kaschmirschals die beste Lösung. Ein um den Hals getragenes Wildtier macht Ihnen und dem Raubtier nur wenig Freude. Tolle Handschuhe in außergewöhnlichen Designs sind für Sie wie gemacht!

DON'T FORGET FÜR DAS HIMMELSMÄDCHEN

Für ein schönes Dekolleté ist ein gut sitzender BH ein Musthave. Gehen Sie in eine Dessousboutique und lassen Sie sich von Büstenhalterprofis ausgiebig beraten. Die Beine sind Ihr Kapital, eine Aktie, auf die Sie bis ins hohe Alter bauen können. Oben Ruhe und unten auch mal wild – dann ist in der Mitte nicht mehr so viel los! Keine riesigen Ketten, die über den Bauch ragen, keine Mini- und keine Riesentaschen, niemals Rucksäcke (außer Sie gehen ins Gebirge). Niemals große Muster auf Oberteilen. Keine kurzen Fellmäntelchen, keine Cowboyhüte, keine Wagenräder, auch nicht in Ascot! Dafür aber tollen Schmuck, sehr auffällige Unterteile, glitzernde Schühchen und einen frischen Mund! ALS HIMMELSMÄDCHEN KÖNNEN SIE DIE WELT EROBERN! Nicht umsonst gibt es so viele berühmte Frauen, die mit ihrer runden Form alles erreicht haben!

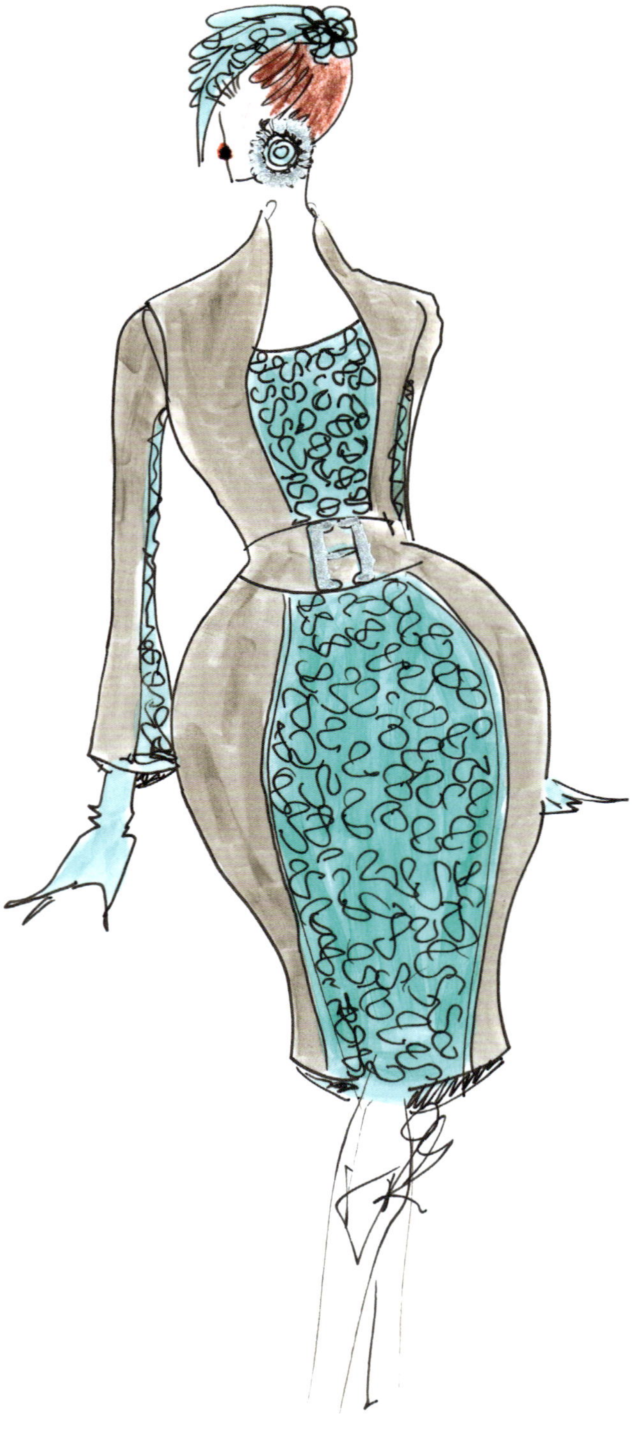

DAS ERDMÄDCHEN

»Eine breite Hüfte ist nur in der westlichen Welt ein Problem. Und eine schmale Taille hat noch niemandem geschadet!«

Wenn der liebe Gott bei der Verteilung »Alles unten!« ruft, dann kommt in der Regel ein wunderbares Erdmädchen dabei heraus. Alles unten, das bedeutet bei diesem Figurtyp: ein großer Hintern und kräftige Beine. Ein Erdmädchen hat aber auch eine Taille, die das Missverhältnis zwischen oben und unten mit dem richtigen Look durchaus positiv beeinflussen kann. Eine schmale Taille hat noch niemandem geschadet!

»Glauben Sie etwa, ich hätte einen so dicken Hintern geheiratet? Ich bin mir sicher: Es ist Ihre Hose!« »Nein, den Arsch haben Sie wohl selbst mitgebracht, Herr Meisenkayser«, dachte ich und schaute in die flehenden Augen der zauberhaften Gattin, die vor Scham im Boden versinken wollte. »Meine Hose hat wirklich kein Interesse, Ihrer Frau ein Problem zu bereiten«, sagte ich freundlich, dachte aber, das eigentliche Problem hat sie leider schon vor Jahren geheiratet und zu allem Übel auch noch zur ersten Anprobe mitgebracht.

Ja, meine Damen, Sie müssen jetzt sehr stark sein. Es gibt sie immer noch, die Machos, die Besserwisser, die Sag-schön-Danke-für-das-hübsche-Kleid-Männer. Der ganzen Emanzipation zum Trotz gibt es Männer, die gerne das Krönchen aufhaben. Die Frauen gehen leer aus und beseitigen meist ganz still die Spuren der Krönungsfeier. Die Frau eines Monarchen zu sein bedeutet nicht automatisch, Prinzessin zu werden. »Weißt du«, sagte sie unterwürfig zu ihrem Mann, »mir gefällt diese Hose sehr. Mein Hintern war doch immer schon mein Problem, aber er ist nun mal da. Herr Kretschmer und ich möchten ihn jetzt nicht mehr verstecken und deshalb habe ich mich für eine enge Hose entschieden. Mein Traum ist seit Jahren: einmal eine schmale Hose in High Heels, eine kurze Jacke – und alles in Feuerrot!« »Das kann ich so nicht akzeptieren, meine Liebe«, sagte er. »Reiß dich endlich zusammen! Du solltest etwas mehr gehen, als dich gehen zu lassen. Trainiere täglich dein Hinterteil, anstatt sich den lieben langen Tag auf selbigem auszuruhen. Schaue dich doch einmal an: Wer könnte glauben, dass du die Frau eines Marathonläufers bist?«

Zu diesem Zeitpunkt gab es für mich drei Möglichkeiten. Erstens: den Gatten des Ateliers zu verweisen. Zweitens: »Frau Meisenkayser« tröstend in den Arm zu nehmen. Und drittens: einen fähigen Scheidungsanwalt kontaktieren, der den Gatten umgehend fühlen lässt, was eine breite Hüfte mit Unterstützung alles erstreiten kann. Aber es war IHR Tag, IHRE Hose, IHR Leben, IHRE Ehe, IHRE Scham und vor allem IHRE Anprobe.

Die Hose fand auch leider kein Erbarmen, als ein Blazer und eine Seidenbluse ein zufriedenes Lächeln auf ihr Gesicht zauberten. Es gibt diesen Blick, dieses Sich-über-die-Taille-Streicheln, eine halbe Drehung, ein Schritt zurück, dann wieder nach vorn – die Schrittfolge einer Anprobe. Die Choreografie der Mode. Ohne Laufsteg. Ohne Models. Es ist das Ankommen eines Looks in der realen Welt. Wenn eine Kundin zu einer sich wohlfühlenden Frau, einer Verbündeten wird und Kleidung in Schränke und Herzen der Trägerinnen einzieht, dann hat ein Designer sich darauf einzustellen, dass er von seinen Kleidern Abschied nehmen muss. Ein kleines Gläschen Champagner konnte den bevorstehenden Umzug in ihren Kleiderschrank nicht erleichtern, da der gute Gatte das angebotene Getränk als Bestechungsversuch deutete. »Bitte behalte einen klaren Kopf«, raunzte er seine Gattin an. Er sei schließlich nicht zum Vergnügen hier. »Sie können mir glauben, als Staatsanwalt habe ich schon geistreicheren Bestechungsversuchen widerstanden, Herr Kretschmer.« Vom Designer zum Verdächtigen und von der Ehefrau zur Belastungszeugin liegt manchmal nur eine Naht – in unserem Fall die einer engen, roten Hose.

Meine immer leicht missmutige Direktrice hätte am liebsten beide Gläser Champagner auf ex gekippt. Sie hätte das nachtblaue Seidenkleid, statt es »Frau Meisenkayser« zur Anprobe zu reichen, lieber dem Gatten um den Hals gelegt und fest zugezogen. Stattdessen sagte sie in ihrer spröden Art und ihrem zauberhaften Akzent: »Derrr Kaukasssssuuuss rrruft, pielleicht noch blaues Kleid probiiiierrrren, gnädiges Frrrrau?« Der Gatte hatte natürlich zu diesem Zeitpunkt keine Ahnung davon, dass die zukünftige Täterin meine zutiefst verletzte Direktrice war, die jede Kritik an unseren Modellen uneingeschränkt persönlich nahm. Als dann unsere Kundin in einem Traum-Abendkleid aus der Kabine trat, konnte selbst der unleidliche Disputant für einen kurzen Moment nicht reagieren. »Wunderbar«, hauchte sie, »wie haben Sie es nur geschafft, dass ich aussehe wie eine Göttin? Wo sind meine Reiterhosen geblieben?« Ich fasste ihre Hand und sagte: »Sie sehen zauberhaft aus – vergessen Sie mal Reiterhose und Hüfte und genießen Sie den Anblick!« »Es ist eine Unverschämtheit, meiner Frau zu unterstellen, sie habe ihren dicken Hintern vom Reiten! Sie hat mit Pferden nichts am Hut, Herr Designer«, schrie er mich an. »Wie bitte?«, dachte ich und war kurz vor einem Lachanfall, als der Gatte auf die Knie sackte, sich bäuchlings auf den Boden legte und seiner Frau befahl: »Dreh dich langsam, auf der Stelle!« Die Aufforderung, doch bitte wieder in die Vertikale zu wechseln, wurde selbstredend ignoriert. »Der Saum ist unregelmäßig, wir reden hier von mindestens einem Zentimeter Differenz«, klagte er an. Zu unserer Verteidigung muss ich jetzt vielleicht erklären, dass alle unsere Säume zur ersten Anprobe offen sind und bei uns erst nach Aufnahme des Tatbestands (Körperlänge und Absatzhöhe) auf den geraden Saum geschworen wird. Sollte ich jetzt glauben, dass der »Arsch« seiner Frau der Grund für diese Indifferenz sei, könne er mir jetzt schon versichern, dass er das nicht akzeptiere und einen erheblichen Rabatt verlange. »Nein«, sagte meine Direktrice mit fester Stimme: »Der Arrrrsch liegt gerrrrade auf Bodden!« Ich musste lachen und fügte hinzu: »Und macht sich gerade so lächerlich.« Die Kundin hatte kaum noch Zeit, ihre Tasche zu greifen, um ihrem Mann in das hupende Auto zu folgen. Sie drückte kurz meine Hand und sagte mit gesenktem Blick: »Entschuldigen Sie bitte, lieber Herr Kretschmer. Ich habe einfach keine Chance, mich gegen ihn durchzusetzen.«

Ich habe nie wieder etwas von ihr gehört. Dieser so netten Frau mit den eisblauen Augen, wie nur ein Husky sie haben kann. Einer wunderbaren warmen Stimme, die nicht von dieser Welt war. Mit starken runden Hüften, dem Traum von engen roten Hosen und Pumps – und eben diesem Mann, der glaubt, Reiterhosen bräuchten ein Pferd. Sollten Sie mein Buch lesen, so hätte ich noch eine Bitte: Verlassen Sie diesen alten, unleidlichen Wallach. Es ist nie zu spät, einen neuen, charmanten Hengst zu treffen.

WORAN ERKENNEN SIE EIN ERDMÄDCHEN?

Dreh- und Angelpunkt des Erdmädchens sind der Hintern und ihre Hüften. Dieser Figurtyp besticht durch seine weiblichen Rundungen im unteren Bereich des Körpers. Dafür hat die Brust leider nicht so viel zu bieten. Häufig sind Erdmädchen relativ flachbrüstig und haben nicht selten eine schmale Taille. Problemzone des Erdmädchens: breite Schenkel und Hüften. Dieser Typ wird häufig auch als Birnenform bezeichnet.

Prominente Erdmädchen: die beste Freundin der Präsidentengattin, Beyoncé, the Queen of R 'n' B, Alicia Keys, der heißeste Knackarsch der Welt, J. Lo

IHR LOOK

Ihre Oberteile

Sie haben das große Glück, dass Ihr Oberkörper sehr zart und schmal wirkt. Schuppenblusen in hellen Softeisfarben können Sie genauso gut tragen wie auffällige Tops mit opulenten Mustern. Finger weg von weit geschnittenen Pullovern, Blusen und Hemden. Ihr Oberkörper geht darin verloren und Sie könnten schnell sehr dick aussehen. One-Shoulder-Tops sind eine sichere Bank für Sie – sie betonen Ihre schmalen Schultern und bringen Schmuck gut zur Geltung. Glänzende Materialien in Form von Blusen, Tops in Materialmixen sind für Sie sehr geeignet, sehen spannend aus, denn sie schaffen Proportionen und schummeln etwas Oberweite. Für einen eleganten und femininen Auftritt eignen sich Tops mit tiefen V-Ausschnitten, aber auch taillierte Tops mit Wasserfall-Ausschnitt. Angst, dass etwas ungewollt rausfällt, müssen Sie bei Ihrer kleinen, aber feinen Oberweite nicht haben. Deshalb sollten Sie ruhig mit einem schönen BH Ihr Dekolleté betonen.

Helle taillierte Blazer und Jacken mit glamourösen Knöpfen und Applikationen sind für Sie wie gemacht. Genauso wie schmale Reversblazer, die bei Ihnen sogar mit Karomuster, Pepita, Hahnentritt oder einem anderen auffälligen Muster sein dürfen. Außerdem dürfen Sie beherzt zu Schulterpolstern greifen. So kommen Ihre Schultern und Ihr Hintern wieder ins Gleichgewicht. Wichtig ist, ein ausgewogenes Verhältnis zwischen oben und unten zu kreieren.

Ihre Unterteile

Leicht ausgestellte Boot-Cut-Jeans zaubern eine schöne Silhouette. Um enge Röhrenhosen mit wilden Mustermixen machen Sie besser einen großen Bogen und entscheiden sich lieber für eine Voile-Hose mit weitem Bein und elastischem Bund. Bügelfalten können Ihr Bein etwas schmaler wirken lassen. Eine gut positionierte Zierbiese, die längs zum Bein verläuft, macht Ihre Beine optisch schlanker. Hände weg von Bundfalten! Die Hosen Ihrer Wahl sind dezent und einfarbig. Bunte Leggings sind für Sie eine schlimme Erinnerung an die 80er-Jahre und wie mein Vater sagen würde: auch keine Lösung. Dunkle Farben sind ein Muss. Denn Dunkel reflektiert weniger Licht und somit wirken Sie schmaler. Vorsicht vor zu hellen Jeans und zu unruhigen Waschungen, denn es zieht die Blicke auf Ihre Problemzone. Dunkle Jeans mit nicht zu niedrigem Bund und seitlichen Taschen sind toll für Sie. Niemals sollten Sie aufgesetzte Taschen und Quernähte auf einer Hose akzeptieren. Nicht einmal, wenn Ihr Beruf Klempnerin ist! Setzen Sie da lieber auf eine Klempnertasche, wenn sie Werkzeuge verstauen müssen. Auf Hüfte und Beinen ist bei Ihnen schon genug los! Falls Sie mal Lust haben, den Männern mit so richtig viel Kurven den Kopf zu verdrehen, dann setzen Sie auf leicht ausgestellte Röcke in A-Linie. Tulpenschnitte und Ballonröcke sind hingegen nichts für Sie: Sie betonen Ihr gebärfreudiges Becken. Lassen Sie das! Gleiches gilt für Faltenröcke und alles, was auch nur im weitesten Sinne mit Plissee zu tun hat. Ein dunkler, raffinierter Wickelrock aus guter Qualität, kombiniert mit einem Oberteil, das Ihre Taille betont, dazu ein schmaler Schuh – wunderbar! Ein Pencilskirt mit aufregendem Schlitz und einem Gürtel, der auf Ihre Taille lenkt, kann Sie sehr verführerisch aussehen lassen und Ihre weibliche Form wunderbar in Szene setzen.

Ihre Kleider

Falls Sie noch kein A-Linien-Kleid mit abgesetzter Taille im Kleiderschrank hängen haben, sollten Sie sich genau jetzt auf den Weg zur Shoppingmeile machen. Achten Sie aber darauf, dass Ihr neues Kleid entweder kurz über dem Knie endet oder bodenlang ist. Die angesagte Midilänge ist nichts für Sie – das tut weh, aber in diesen sauren Apfel müssen Sie leider beißen. Gerade Cocktailkleider, die ein aufgenähtes Schößchen im oberen Bereich aufweisen, sind eine gute Wahl. Aber auch zweiteilige Outfits sind perfekt für Sie. Ein Maxikleid mit tiefem Ausschnitt ist für Erdmädchen super! Noch eine schlechte Nachricht zum Schluss: Bodyconkleider (sehr eng anliegend, aus dehnbarem Stoff) stehen Ihnen leider nicht so gut wie Miranda Kerr, Alessandra Ambrosio & Co.

Ihre Accessoires

Bei der Accessoirewahl gilt für Sie: Statementketten, XXL-Tücher und elegante Broschen sind top. Grundsätzlich bedeuten alle Accessoires, die den Oberkörper betonen, eine gute Wahl. Superbreite Gürtel aber lassen Ihre Taille verschwinden. Also Finger weg!

Ihre Schuhe

Als Erdmädchen sollten Sie eigentlich nie auf Absatzschuhe verzichten. Sie schummeln gute drei Kilo weg. Warum? Ganz einfach: Erstens, weil die Schuhe Ihre Beine strecken und diese dann gleich viel schlanker wirken. Und zweitens, weil sie Ihre Taille optisch etwas nach oben setzen. Aber auch bei dem Thema Schuhe gibt es Dos and Don'ts: Pfennigabsätze und feine Riemchensandalen sind nichts für Sie. Letztere lassen Ihren Fuß klobig aussehen.

Ihr Beauty-Look

Sie sind mit Ihrem Körper ein Sinnbild für Erotik, Leidenschaft und Fruchtbarkeit. Das können Sie auch in Ihrem Beauty-Look widerspiegeln. Viel Make-up brauchen Sie nicht. Spielen Sie lieber mit Ihrem Haar. Eine wilde Löwenmähne lässt Sie zur Femme fatale werden. Eine elegante Hochsteckfrisur lässt Sie streng und dominant wirken. Das sollten Sie sich zunutze machen, wenn Sie ein wichtiges Meeting haben. Es gilt: Immer feminin, immer gepflegt! Wichtig sind tolle Nägel an schönen Händen und vor allem: schöne Füße und Fußnägel, besonders in Peeptoes, die die Erdmädchen so wunderbar tragen können.

STYLING-TIPPS FÜR …

… den Tages-Look

Eine Jeans im Used-Look mit geradem, leicht ausgestelltem Bein, eine lässige Hemdbluse und stylische Turnschuhe – das sollte Ihr Outfit sein, wenn Sie zum Brötchenholen gehen, die Kinder von der Schule abholen oder mit Bello ein paar Runden im Park drehen. Gerne dürfen Sie auch noch eine Weste – je nach Saison mit Daunen oder nur aus leichter Baumwolle – dazu tragen. Für das elegante Erdmädchen ist immer auch eine etwas längere Jacke toll, die bis auf die Oberschenkel fällt.

… den Business-Look

Eine Schuppenbluse in angesagten Candyfarben zu einem dunkelbraunen oder dunkelgrauen Bleistiftrock aus Leder mit ausgefallenen Pumps – so sieht ein gutes Outfit aus, wenn Sie bei Businessterminen Ihre weibliche Figur betonen wollen. Aber: Bitte beachten, dass die Taille z. B. durch Gürtel oder eine besondere Raffung betont werden muss. Sehr schön ist auch ein schlichter Rock, kombiniert mit einer aufregenden Kostümjacke, die gern mit angesagten Mustern etwas auffälliger sein darf.

… den Party-Look

Tragen Sie den All-Time-Klassiker: das kleine Schwarze mit drapiertem V-Ausschnitt, als One-Shoulder- oder sogar als schulterfreies Partykleid. Vergessen Sie bitte dabei nicht eine kleine Umhängetasche und auffälligen Ohr- und Halsschmuck. Toll für eine ausgelassene Partynacht ist auch eine Marlene-Hose, kombiniert mit Extrahigh Heels zaubert sie endlos lange Beine. Tragen Sie dazu doch ein schwarzes Paillettentop, das Ihre schmale Taille betont.

… die Sommersaison

Ihre Bikinitops sollten auffällig sein, die Höschen dafür umso schlichter. Sie können sich zwischen dem Hipsterschnitt beim Bikini und einem klassischen Badeanzug mit abgenähter Brust entscheiden. Für den Weg zum Strand tragen Sie am besten ein T-Shirt-Kleid oder eine Tunika. Alle Hippiekleider stehen Ihnen toll! Kombinieren Sie sie mit großen Ketten, einem Hut, schicken Sandalen und einer großen Sonnenbrille. Für einen Besuch des Hippiemarktes auf Ibiza sind Sie wie gemacht. Hätte ich Sie damals – als ich in Ibiza noch meine ersten Sachen verkauft habe – getroffen, wäre ich Ihnen vermutlich verfallen, so wie alle anderen lässigen Menschen auch. Eine breite Hüfte hat mir noch nie Angst gemacht – wenn sie gut verpackt ist.

… die Wintersaison

Auch ein Erdmädchen braucht es im Winter mollig warm – oben wie unten. Das Einzige, was bei Mänteln beachtet werden muss, ist, dass Wattierungen und Daunen sich nicht unbedingt um den Hüftbereich aufhalten sollten. Ein schöner Wollmantel mit einem tollen Schalkragen, gern auch mit aufgesetzten Webpelzchen, sehen toll an Ihnen aus und halten schön warm. Ein gut geschnittener Kragen kann auch ein Hilfsmittel sein, um die Aufmerksamkeit von ihrem Po abzulenken. Herzlich willkommen sind auch große Schalkrägen und alles, was im Army-Stil gearbeitet ist, z. B. Epoletten sowie Napoleonkrägen. Tragen Sie Ihr Haar dazu schlicht geknotet! Leicht ausgestellte schwingende Mäntel mit Taillengürtel geben Ihnen auch im Winter eine gute Form. Sie sollten die Hände von gestrickten Mänteln lassen, da sie ebenso auftragen wie aufgesetzte Taschen. Ihr optimaler Aufbewahrungsort für Kleinigkeiten ist eine Handtasche.

DON'T FORGET
FÜR DAS ERDMÄDCHEN

Nicht selten tragen Sie obenrum eine beneidenswerte 34 oder 36, während Sie untenrum immer eine oder zwei Konfektionsnummern größer brauchen. Das sollten Sie sich zum Vorteil machen. Betonen Sie Ihren schmalen Oberkörper! Schwere Stoffe wie Samt und Brokat und tulpenförmige Schnitte sind Ihre Feinde, denn sie tragen auf. Zu Ihrem engeren Freundeskreis gehören dafür leichte Stoffe, wie zum Beispiel Seide und Chiffon. Fließende Materialien meinen es gut mit Ihnen. Setzen Sie mit bunten Highlights den Oberkörper in Szene – dann wird sich garantiert niemand mehr für Ihre breiten Hüften interessieren. Am besten geeignet: Ohrschmuck und Ketten, überdimensionale Krägen, elegante Tücher! Oben darf Muster, unten etwas dunkler. Und: Oben nicht knalleng, denn damit wirkt die Hüfte noch breiter.

DAS BUDDHAGIRL

»Je älter wir sind, desto ähnlicher können wir uns werden und dabei aus den Nähten gehen!«

Ein Buddhagirl ist im günstigsten Fall eine männliche Statue in Asien. Im ungünstigsten Fall eine Hausfrau im bergischen Land. Wir reden hier nicht von einem schmal liegenden Thaibuddha mit Goldkrönchen, sondern von einem Runden mit erheblicher Leibesfülle, starken Armen, dicken Beinchen, der dem Vergleich mit einem Sumoringer standhalten würde.

Jenes Prachtweib, von dem ich hier erzählen möchte, hatte keinen Hals, aber große grüne Augen. Einen vollen fleischigen Mund, der nur blutrot geschminkt wurde. Das Buddhagirl liebte den Landhaus-Look und alles, was englisch war und aus Wolle oder Leinen gefertigt werden konnte. »Ein feines Tuch sollte es sein«, sagte sie immer. Ihre Farben waren Braun, Beige, Dunkelrot und Jagdgrün. Wobei wir auch schon bei ihrer Lieblingsbeschäftigung und ihrem Hobby wären. Ich kann hier mit Recht behaupten: Sie war ein Flintenweib, in Form eines Buddhas im Schottlandurlaub. Es passte eigentlich nicht zusammen, was an ihr hing, aber durch die Masse an Stoff, die praktischen Halbschuhe, die grünen Hütchen im Trachtenlook und ihre resolute Art war sie wirklich eine Erscheinung. Jeder Kriegsminister hätte sie wohl ohne Zweifel an die Front senden können. Wäre sie nicht so unförmig gewesen, sie hätte als Scharfschützin arbeiten oder Lara Croft doubeln können.

Wir waren so unterschiedlich. Sie, das Flintenweib mit derben Sprüchen und dem Hang zum Alkohol, und ich … na ja, lassen wir das mal an dieser Stelle … Das Einzige, was uns verband, war der Humor und die Liebe für englisches Tuch. Wir konnten uns fast nie auf eine Farbe und einen Schnitt einigen. Ihr Wunsch war aus meiner Sicht immer etwas unvorteilhaft für sie. Wenn wir doch einmal einen textilen Konsens gefunden hatten, so ruinierte sie den Look mit einem ihrer unsäglichen Trachtenhütchen. »Durchhalten, Meister«, sagte sie gern, »Mutti ist kein Modepüppchen.« Nein, das war »Mutti« wirklich nicht. Aber eine Seele von Mensch, wie der Volksmund zu sagen pflegt.

Alle wunderbaren Buddhamädchen und -frauen sollten die Hände von Falten und Bahnenröckchen im Schottenlook lassen. Auch große Sicherheitsnadeln sehen bei diesem Figurtyp besonders in Kombination mit gelben Pullovern sehr, sehr unvorteilhaft aus. Auch wenn beides aus Kaschmir gefertigt wurde. Wäre sie nicht so vermögend gewesen und ihr Umfeld so gediegen rustikal, ihr Look von so guter Qualität, wäre sie ohne Probleme als ukrainische Traktorfahrerin durchgegangen.

Ihr Beziehungsstatus war verwitwet. Ich habe sie nie über den dahingeschiedenen Gatten sprechen hören. Auch habe ich kein Foto gesehen, das an ihn erinnerte. Dafür war die Bude gerammelt voll mit Jagddevotionalien jeglicher Couleur. Alles, was Horn oder Fell hat, hing an der Wand, stand auf dem Boden oder hing eben an ihr. Hornknöpfe waren ihre große Leidenschaft. Kleine Pfötchen und Tatzen hingen an allem, was sich Sitzmöbel nennen durfte. Sie schoss auf alles, was im günstigsten Fall nicht bei drei auf dem Baum war oder hinter ihm verschwand.

Ich bin froh für alle Tiere in Afrika, da sie den Schwarzen Kontinent nicht bereisen konnte – Angst vor Malaria. In diesem speziellen Fall muss ich sagen: Leider gibt es in Skandinavien keine Anophelesmücken – gut für die Bevölkerung, schlecht für die Elche. »Seien Sie nicht so zimperlich, das nennt man Revierpflege. Die Wolle, aus der Sie das Mäntelchen für mich basteln, wird ja auch nicht von den Schafen herunter gestreichelt.« Mäntelchen waren in ihrem Fall häufig Capelein in Jagdgrün, mit Hornschnallen versehen, versteht sich.

Ihr Zuhause war ein umgebauter Bauernhof, ein idyllisches Fleckchen Erde mit einem weiten Blick über die reizvolle Gegend und sicher einem reichen Wildbestand. In den Jahren unserer Zusammenarbeit habe ich gelernt, Wollcapes mit Lodenpaspeln und Blenden zu versehen. Es gab keine Anprobe ohne ein deftiges Mittagessen. Wenn sie etwas konnte, dann kochen und sich aufregen. Die Verwandtschaft war ihr ein Gräuel. Die Nachbarn verspannt, die Tierschützer verdreht, aber sie wählte »Grün« – vielleicht nur aus einem Grund: weil es die Farbe ihres Lodens hatte. Ihre Musik, die sie pausenlos hörte, war irgendwie immer geblasen. Ich kann mit Recht behaupten, dass mir nicht ein Musikstück jemals gefallen hat. Sie wusste genau um diesen Umstand und drehte immer gern besonders laut, wenn ich bei ihr war.

Wir konnten zusammen lachen, ja, das konnten wir. Sie war die frechste und ehrlichste Haut, die ich jemals getroffen hatte. Sie war so weit von mir entfernt, so wenig mit meiner Vorstellung vom Leben kompatibel, aber ich mochte sie und sie mich. »Hören Sie doch mal auf, Männer zu küssen«, sagte sie gern und streichelte dabei gerne meine Wangen. »Ist doch schade darum. Sie sollten sich vermehren. Wer ein Gewehr hat, sollte auch eine Ricke erschießen können.« Dabei lachte sie laut. Sie hatte sich reproduziert, aber ihre Brut hatte keinen Kontakt mehr zu ihr. Vielleicht auch schwierig, eine Mutter zu haben, die gerne schießt – sei es mit Worten oder mit doppelläufigen Schrotflinten.

Der Typ Buddhagirl ist im Sommer eigentlich recht gut anzuziehen, wenn es leicht und luftig zugeht. Doch wer auch im Hochsommer auf dünne, aber eben Wolle schwört, hat es mollig warm. Mein Flintenweib hatte es immer dementsprechend warm. Leinen hat leider die nicht schöne Angewohnheit, zu knittern und hochzuwandern. Ihre Sommerkleider aus viel zu festem Leinen suchten unermüdlich den Aufstieg. Das klägliche Scheitern hinterlässt unschöne Falten. Wir hatten für sie einige Nachthemden gefertigt, aus viel zu bockigem Leinen, für meinen Geschmack. Aber »Mutti« war eben der Chef. An einem Tag der sehr frühen Anprobe hatte ich das Vergnügen, »Mutti-kommt-gerade-aus-dem-Bett« zu erleben. Ich kann mit Sicherheit behaupten, dass ich noch nie ein Kleidungsstück gesehen habe, das so wenig mit dem zu tun hatte, was mein Atelier vor einiger Zeit verlassen hatte. Aus dem knielangen Nachtgewand war ein Minikleid geworden. Es war das verknittertste Teil, das ich jemals in meinem Leben gesehen habe. Ich musste laut lachen und konnte für Minuten vor Freude kaum noch Luft bekommen. Wir haben uns immer wieder gerne an diesen Tag erinnert, da sie seit jenem Morgen sicher war, dass sie meinen endgültigen Verlust für die Damenwelt zu verantworten hatte. Ihre Leibesfülle blieb über die Jahre konstant. Ihre Liebe zu Loden und Trachten nahm zu.

Ich weiß nicht, wer ihr die erste Applikation in Form eines Bügelmotives gezeigt hatte, mögen dieser Person noch heute die Finger abfallen. Sie hortete in Kästchen eine Vielzahl von

Motiven, die an Hässlichkeit nicht zu überbieten waren. Die von mir gefertigten Kleidungsstücke wurden in genähten Kleidersäcken dem Kunden übergeben. Ich weigerte mich strikt, die Albtraum-Applikationen auf meine für sie gefertigten Modelle zu bügeln. Unser Textilkonsens hieß dann: »Na, dann eben auf den Kleidersack.« So konnte ich ihr Wohlwollen zurückgewinnen. »Wer zahlt, hat recht«, pflegte sie gern zu sagen.

Zu ihrem 70. Geburtstag sollte ich das große Vergnügen haben, ihr aus einem feinen englischen Tuch ein Kostüm schneidern zu dürfen. Es war der mit Abstand teuerste Kaschmirwollmix, den ich jemals verarbeiten durfte. Das Karomuster war hoch kompliziert. Beim Zuschnitt hatten wir Unmengen Verschnitt. Ein Muster ist eben nur dann schön verarbeitet, wenn Streifen und Karos auch über die Nähte hinaus ihren Verlauf beibehalten können. Wenn Sie sich jetzt aufmachen, um die Muster und Karoblazer in Ihrem Schrank diesem Checkup zu unterziehen, werden Sie feststellen: »Günstig« trifft in aller Regel das Muster nicht.

Der Bahnenrock war leicht ausgestellt. Der Blazer gerade geschnitten; ein kleiner Stehkragen in Hirschleder und die obligatorischen Hornknöpfe rundeten das Kostüm ab. Ein Traum in Größe 60. Das Kaschmirzicklein hatte wohl keine Idee gehabt, dass seine feine Wolle eines Tages am Leibe eines Flintenweibes enden würde. Das Zicklein wäre aber sicher verzückt gewesen, wenn es in das strahlende Gesicht meiner lieben Kundin gesehen hätte. Hätte »Mutti« das Zicklein allerdings vis-à-vis gesehen, wäre es sofort erschossen worden.

Auch ich war zur Feier geladen. Wer kennt nicht die zwei »W-Fragen«: WAS schenke ich einem Menschen, der vermutlich alles hat, und WAS könnte guten Gewissens gekauft werden, was annähernd dem eigenen Geschmack entspricht? Die einzige Rettung: Sammelgeschenk! Eine unleidliche Aufgabe für den armen Sammler. Dieses Amt übernahm eine Verwandte, von deren Existenz ich nie zuvor gehört hatte. Eine »Skulptur mit Jagdmotiv« war das angedachte Präsent. Mir schien alles sinnvoll, was mit Jagd- begann, und allen anderen vermutlich auch.

Das Fest war eine Treibjagd ohne Wild. Das Buddhagirl stolzierte mit Eichenlaub am Traumblazer und einem Jagdhütchen umher, das ich ihr am liebsten vom Kopf gerissen hätte. Es wurde ins Horn geblasen, versteht sich. Es gab ausschließlich Wild, selbst die Nachspeise war aus Waldmeistergelee mit Kugeln, die aussahen wie die Ladung einer Schrotflinte. Das Sammelgeschenk haben weder ich noch die anderen Beteiligten je gesehen. Es kam dank der deutschen Bummelpost oder eines anderes Spediteurs nicht rechtzeitig an. Weil mir in der Regel auch nichts erspart bleibt, hatte ich das Glück, den Tisch eben mit jener Dame zu teilen, die sich bei unserer Vorstellung als die Sammlerin betitelte. Wie bereits gesagt, ein sehr undankbarer Job, vermutlich nur noch getoppt von Klassentreffenorganisatorin oder Bundeskanzlerin. Die Geldeintreiberin wartete nicht nur immer noch auf einige Überweisungen der beteiligten Schenker, sondern auf den kollektiven Verriss der Präsentgemeinde, da das ersehnte Kunstobjekt auch beim Verlassen des Festes noch nicht eingetroffen war.

Später habe ich erfahren, und könnte heute noch vor Vergnügen schreien, dass dieses Geschenk ein verheerendes Ende erfahren durfte. Es handelte sich bei jener Skulptur um einen überdimensionalen Porzellanschwan, der in seiner Darstellung zum Flug ansetzen wollte. Die Idee, den Schwan auf einen Tisch im Garten zu stellen, daneben die Glückwunschkarte mit allen Unterschriften (auch derer, die noch nicht bezahlt hatten, versteht sich), fand ein jähes Ende: Mein Buddhagirl hatte beim morgendlichen Erwachen ihr Fenster geöffnet, den abfliegenden Schwan in ihrem Garten auf einem Tisch gesehen und ihn mit einem glatten Blattschuss ihres Doppelpüsters zur Strecke gebracht. Vermutlich war das Letzte, was der arme Porzellanvogel gesehen hat, der entblößte Unterkörper meines Buddhagirls, da ja Leinen bekanntlich wandert.

WORAN ERKENNEN SIE DAS BUDDHAGIRL?

Dieser Figurtyp hat … na, wie nennen wir es charmanterweise … Lipideinlagerungen, Wülstchen, Speck – egal, jedenfalls an Armen, Hüften, Oberschenkeln und Po. Die Buddhagirls sind meistens mit einer kleinen Brust ausgestattet.

Prominente Buddhagirls: das wilde Ding Beth Ditto, die urkomische Melissa McCarthy, Gabourey Sidibe, das Dickste, was Hollywood je hervorgebracht hat

IHR LOOK

Ihre Oberteile

Wickelblusen und Tuniken stehen Buddhagirls wie Ihnen einfach hervorragend – solange sie den Allerwertesten bedecken und weite, lange Ärmel haben. In leicht taillierte Blazer, die dank auffälliger Details den Fokus auf den Schultern haben, sollten Sie unbedingt investieren. Sie machen Ihren Oberkörper schmaler. Tops mit raffinierten V-Ausschnitten schmeicheln Ihrer Figur – im Gegensatz zu armfreien Oberteilen. Bitte keine engen T-Shirts und Sweatshirts mit Kapuzen. Hemdblusen und kleine gerade geschnittene Jacken sind toll für Sie!

Ihre Unterteile

Lange, gerade geschnittene Hosen kaschieren Ihre kräftigen Oberschenkel. Falls Sie unbedingt eine Röhrenjeans tragen möchten, dann tragen Sie Stiefel und stecken die Hosen in den Schaft. Allerdings kann Sie das optisch kleiner machen. Nichts für Sie sind Hosen mit aufgenähten Taschen und Hüfthosen. Bei der Wahl der Röcke sollten Sie einen knielangen A-Linien-Schnitt bevorzugen. Aber auch Trapezschnitte umspielen Ihre Beine gut. Falten- und Plisseeröcke sind dagegen nichts für Sie.

Ihre Kleider

Alle Kleider, die nach unten breiter werden, stehen Ihnen ganz wunderbar. Aber auch Maxikleider mit schmalen Längsstreifen sind ein Traum für Sie. Bei einem glamourösen Abendkleid sollten Sie sich für ein Kleid mit Mieder-Oberteil und weitem Rockteil entscheiden. Sie können Empirekleider tragen, nur sollten Sie dazu eine Jacke tragen, die Ihre Oberarme und Schultern bedeckt. Lang gezogene Schalkrägen an leichten Strickteilen und Blusen sehen toll an Ihnen aus!

Ihre Accessoires

Schals sind kleine Details mit großer Wirkung. Da Sie grundsätzlich eher dunklere Kleidung tragen sollten, können Sie bei den Accessoires sorglos auf geballte Farbenpower setzen. Mittelgroße Ohrringe, Mützen und Haarschmuck lenken geschickt von Ihrer fülligen Figur ab.

Ihre Schuhe

Bikerboots mit einem breiten Absatz sowie Pumps mit Kitten-Heels und eleganten Keilabsätzen sind Ihre erste Wahl. Einen großen Bogen sollten Sie um Plateauschuhe jeglicher Art machen. Diese Art von Schuhen ist einfach zu voluminös für Sie.

Ihr Beauty-Look

Buddhagirls sollten unbedingt auf einen sehr gepflegten Look achten. Ein gutes Parfüm und sauber lackierte Nägel sind ein Muss. Längere Nägel machen optisch längere Finger – das macht feminin. Ihre Haare sollten mit einem tollen, natürlichen Glanz bestechen – egal ob Sie sich für Locken oder den Sleek-Look entscheiden. Ebenfalls ein Muss: ein frischer, strahlender Teint mit feinem Lidstrich, etwas Mascara und dezentem Lipgloss. Frische, aber auch rote Lippen und schön geschminkte Augen sind für Sie ein Garant, Ihren Traumbuddha zu treffen.

STYLING-TIPPS FÜR …

… den Tages-Look

Eine dunkle Tunika mit cooler Jeans und Bikerboots schafft den perfekten Day-Look für modebewusste Buddhagirls. Sehr feminin sind auch ein Hängerchen mit einer gerade geschnittenen Hose und ein Tuch, gern in Kombination mit einer leichten Jacke.

… den Business-Look

Um im Büro eine gute Figur zu machen, sollten Sie unbedingt einen schicken Hosenanzug mit Nadelstreifen versuchen. Ein Rock mit einer Hemdbluse wäre für Sie eine tolle Option. Zeigen Sie Ihre Beine oder tragen Sie Hosen, aber: Die Hosenbeine dürfen nicht zu weit sein und niemals aufgesetzte Taschen haben.

… den Party-Look

Für Buddhagirls mit Lust auf Disco empfehle ich eine Abwandlung des kleinen Schwarzen. Das Partydress sollte aber unbedingt Ärmel haben und nicht zu eng anliegen. Bitte vergessen Sie bei diesem Look nicht die so wahnsinnig praktische Shape-Wear. Raffinierte Drapierungen sollten Ihre besten Freunde werden. Quer verlaufende Streifen sollten Sie meiden. Etwas Rückendekolleté ist von hinten sehr schön anzuschauen – das lässt Ihre breiten Schultern und den Rücken etwas schmaler wirken.

… die Sommersaison

Mit schönen Sonnenhüten, großen Sonnenbrillen und eleganten Neckholder-Badeanzügen machen Sie der Venus von Botticelli große Konkurrenz. Tuniken mit Glitzereinfassungen lassen Ihren Busen größer wirken, formen ein Dekolleté – aber bitte immer mit angeschnittenen Ärmeln!

… die Wintersaison

Finger weg von Daunenjacken und -mänteln – Sie könnten sonst sehr schnell dem Michelin-Männchen ähneln. Tragen Sie lieber einen gerade geschnittenen Wollmantel mit eleganten Lederhandschuhen und einer feinen Kaschmirmütze. Oder einen groben Strickschal, der lang genug ist und somit Proportionen schafft. Haben Sie keine Angst vor großen Tüchern, sie gleichen das Missverhältnis zwischen der oft zu kleinen Brust und der starken Mitte optisch aus.

DON'T FORGET
FÜR DAS BUDDHAGIRL

Schwarz macht schlank – das stimmt in Ihrem Fall. Aber auch andere dunkle Farben stehen Ihnen wunderbar. Ton-in-Ton-Outfits schmälern Ihre Figur. Verzichten Sie dagegen auf Stretchkleidung, große Blumenmuster und Querstreifen, denn die tragen auf – genauso wie helle Farben.

GUIDOS
PROPORTIONSLEHRE

… meine Muse Zoe Helali

1. DIE H-FORM ODER DAS SYMPATHISCHE BRETT

Merkmale

- Die Schultern, der Brustkorb und die Hüften des sympathischen Bretts sind genau gleich breit.
- Das sympathische Brett hat kaum Oberweite.
- Viele Frauen wünschen sich diesen vermeintlichen Traumkörper.
- Die H-Form hat gerade, dünne Arme.
- Dieser Figurtyp baut schnell Muskeln auf und wirkt dadurch maskulin.
- Frauen mit diesem Figurtyp greifen aus Verzweiflung oft zu Po-Pads, da ihr Allerwertester sehr flach ist.
- Sympathische Bretter leiden oft unter ihrem knabenhaften Körper. Von Frauen mit mehr Kurven werden sie dagegen um ihre sportliche Figur beneidet.

Prominente Frauen mit H-Figur

- Kate Moss, Tilda Swinton, Keira Knightley

2. DIE X-FIGUR ODER DIE PERFEKTE

Merkmale

- Gilt als die absolute Traumfigur in Hollywood.
- Oft wird die X-Figur auch als »Sanduhrenfigur« bezeichnet.
- Damen mit diesem wohlgeformten Körper haben oft die berühmten Idealmaße 90-60-90.
- Auch wenn die Oberweite mal etwas kleiner ausfällt, stimmen die Proportionen trotzdem.
- Dieser Figurtyp ist ständig auf Diät. Hüftgold und Fettpölsterchen an den Schenkeln bringen die tollen Proportionen aus dem Gleichgewicht.

Prominente Frauen mit X-Figur

- Scarlett Johansson, Heidi Klum, Laetitia Casta

3. DIE XS-FIGUR ODER DIE ZARTE ELFE

Merkmale

- Die zarte Elfe fällt durch ihre besonders zierliche Figur auf.
- Männer haben oft das Bedürfnis, sie zu beschützen, und Frauen sind neidisch auf ihre Körpergröße.
- Die Proportionen ähneln der X-Figur, allerdings haben die Elfen oft eine kleine Brust und einen flachen Po.

Prominente Frauen mit XS-Figur

- Sarah Jessica Parker, Kylie Minogue, Sylvie van der Vaart

4. DIE XX-FIGUR ODER DIE VON-ALLEM-ETWAS-ZU-VIEL-FRAU

Merkmale

- Die XX-Figur wird in unserer Gesellschaft oft als mollig bezeichnet.
- Unter ihrer Fülle ist sie eine Perfekte.
- Sie hat im Grunde eine Sanduhrenfigur, die aber etwas üppiger ausfällt, da sie im Gegensatz zur Perfekten nicht ständig auf Diät ist.
- Sie steht zu ihren Kurven.

Prominente Frauen mit XX-Figur

- Jennifer Hudson, Adele, Oprah Winfrey

5. DIE X-FIGUR MIT VIEL BUSEN ODER DIE VERSUCHUNG IN DOPPEL-D

Merkmale

- Bei der Versuchung in Doppel-D fällt als Erstes die natürliche oder mit Silikon erschummelte Oberweite auf.
- Die restlichen Figureigenschaften sind der X-Figur ziemlich gleich.

Prominente Frauen mit Doppel-D und X-Figur

- Pamela Anderson, Salma Hayek, Katie Price

6. DIE Y-FIGUR ODER DIE WALKÜRE

Merkmale

- Die breiten Schultern der Y-Figur werden durch die flache Brust und die schmalen Hüften besonders betont.
- Besonders oft wird die Y-Form in der Sportwelt gesehen.
- Die Walküre sollte keine Angst haben, mit ihren weiblichen Waffen zu spielen, denn sonst wirkt sie schnell maskulin.
- Besonderes Highlight dieses Figurtyps: die tollen, eleganten und superlangen Beine.

Prominente Frauen mit Y-Figur

- Prinzessin Charlène von Monaco, Cameron Diaz

7. DIE O-FIGUR ODER DIE KLEINE RUNDE

Merkmale

- Die Figur erinnert stark an die Form des Buchstabens O.
- Die kleine Runde hat eine üppige Oberweite und wäre zu Zeiten von Rubens das Lieblingsmodell des Malers gewesen.
- Die Schultern dieses Figurtyps sind breit, stehen aber trotzdem immer im Schatten des unübersehbaren und supersinnlichen Dekolletés.
- Die offensichtlichste Problemzone ist der Bauch, der sich auch mit Schummelunterwäsche kaum wegzaubern lässt.
- Die dünnen Beine und die zarten Fesseln sind meistens schlank.
- Frauen mit diesem Figurtyp werden oft als moppelig bezeichnet.

Prominente Frauen mit O-Figur

- Meine liebe Freundin Vera, Trude Herr, Dirk Bach

8. DIE V-FORM ODER DAS HIMMELSMÄDCHEN

Merkmale

- Die Schultern des Himmelsmädchens sind deutlich breiter als das Becken.
- Der Brustumfang ist oft größer als bei anderen Figurtypen.
- Himmelsmädchen selbst empfinden ihren Körper oft als zu teigig.
- Die Oberschenkel der V-Frauen sind lang, schlank und meistens sehr fest.
- Oberkörper und Arme können schnell Fett einlagern. Deshalb müssen sie besonders gut trainiert werden, sonst wirkt die Figur schnell plump.
- Gekonnt in Szene gesetzt, kann der Unterkörper der »Himmelsmädchen« vorteilhaft im Mittelpunkt stehen.
- Himmelsmädchen wirken oft überdurchschnittlich groß und leider auch breit.

Prominente Frauen mit V-Figur

- Barbra Streisand, Bette Midler, die Jacob Sisters

9. DIE A-FORM ODER DAS ERDMÄDCHEN

Merkmale

- Frauen mit diesem Figurtyp haben einen langen, schmalen Oberkörper, eine deutliche Taille und weibliche Hüften, die oft breiter sind als die Schultern.
- Ein weiteres Erkennungszeichen des Erdmädchens sind die stämmigen Oberschenkel. Diese fallen jedoch meistens nicht besonders auf, weil der Allerwerteste im Fokus der Aufmerksamkeit steht.
- Der Po und die Hüften werden oft als gebärfreudig weiblich bezeichnet. Böse Zungen nennen dieses Konstrukt der Natur »Reiterhosen«.
- In vielen Kulturen gelten Frauen mit dieser Figur als besonders fruchtbar und sehr erotisch.
- Das Erdmädchen hat einen weichen Bauch; wegen der Anlage zum Speckchen bleibt ein durchtrainierter, muskulöser Bauch meistens ein Wunschtraum.
- Der Oberkörper ist sehr zart.
- Die Arme sind elegant und lang.

Prominente Frauen mit A-Figur

- Beyoncé, Alicia Keys, J. Lo

10. DIE VON-A-BIS-Z-FIGUR ODER DAS BUDDHAGIRL

Merkmale

- Das Buddhagirl hat Rundungen und Fetteinlagerungen an fast allen Stellen, hat starke Arme und kräftige Beine.
- Die Von-A-bis-Z-Frau hat nicht unbedingt die absolute Traumfigur – für europäische Geschmäcker. In der Südsee wäre sie eine wahre Liebesgöttin, denn die Fetteinlagerungen an Armen, Hüften, Oberschenkeln und Po gelten dort als besonders erotisch.
- Sie sind meist mit einer kleinen Brust ausgestattet.

Prominente Frauen mit der Von-A-bis-Z-Figur

- Beth Ditto, Melissa McCarthy, Gabourey Sidibe

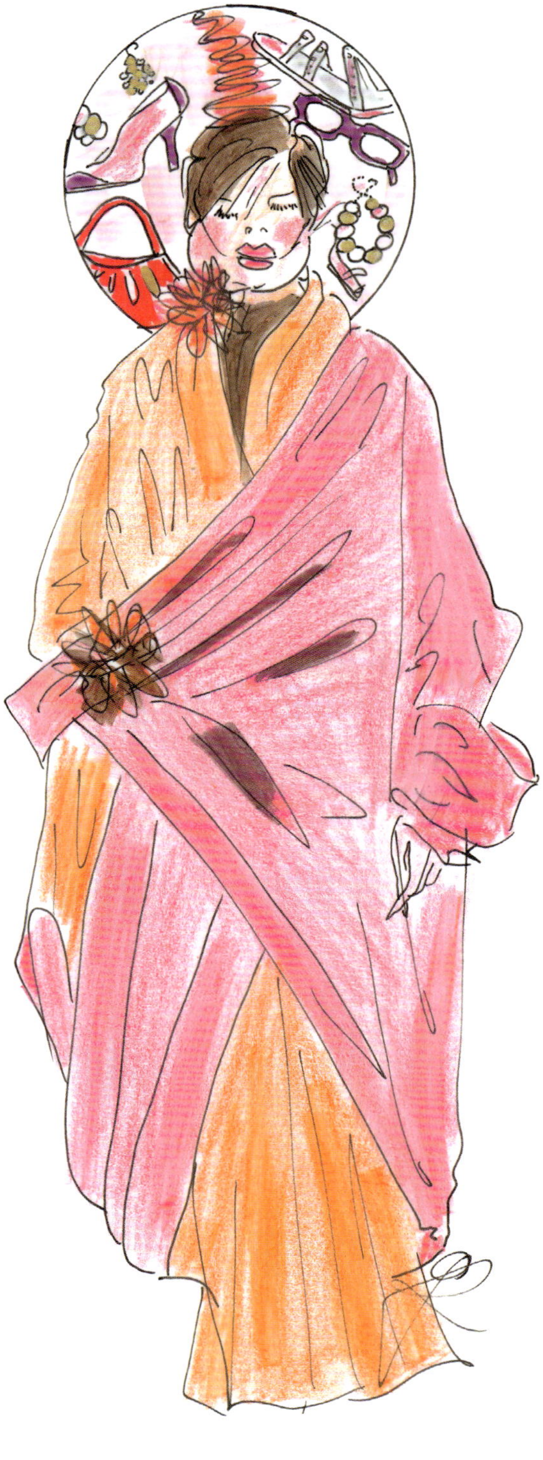

GUIDOS
KLEIDERSCHRANK

REDUZIEREN HEISST PLATZ SCHAFFEN

»Das Verhängnisvolle an jedem Kleiderschrank, der nicht liebevoll betreut wird, ist, dass er nichts wieder hergibt.«

Es gab einmal eine Zeit, da war ein Bündel groß genug, um unsere Habseligkeiten zu verstauen. Eine Kiste oder eine Truhe haben den Menschen in den letzten Jahrhunderten dann schon mehr Platz geboten. Ein Schrank mit einer Tür und einer Schublade war meine erste Heimstätte für Persönliches – so wie für viele andere vermutlich auch. Eltern haben manchmal Schrankwände, in denen Mutti vier Fünftel belegt und das letzte Fünftel teilen sich dann Vati, die Handtücher und die Bettwäsche. Ein Ankleidezimmer war früher eine seltene Ausnahme für erfolgreiche Operndiven oder reiche Unternehmergattinnen. Einen ganzen Raum zu haben, der mit einem ausgeklügelten System Platz bis unter die Decke schafft, ist nicht nur Luxus, sondern auch recht selten anzutreffen. Aber die Zeiten ändern sich und damit auch unsere Bedürfnisse. Das noch nicht belegte Kinderzimmer ist heute Ankleidezimmer und bleibt es auch immer häufiger. Selbst das Entree einer Wohnung wird häufig zum Schuhlager umfunktioniert, das Wohnzimmer beherbergt die exponierten Pumps, die dekorativ in Vitrinen und auf Regalen stehen. Kleidung und Accessoires sind zur Einrichtung geworden.

Mariah Carey hat sich in ihrem New Yorker Apartment eine ganze Boutique eingerichtet und zwei Storemanagerinnen eingestellt, die ihr jeden Morgen das Gefühl geben, sie könne in ihrem Zuhause einkaufen und alles gleich anziehen, ohne zu bezahlen. Für ihre Zwillinge wird es sicher eines guten Tages normal sein, dass Mama im eigenen Zuhause jeden Tag nach Herzenslust shoppen kann, ohne die Kreditkarte zu zücken, abends bei der Nachtschicht alles wieder abgibt, um dann im Nachtgewand den Rest der Wohnung zu beleben. Hätte ihr vor vielen Jahren, als sie noch Kassiererin in einem Supermarkt war, irgendjemand so eine Geschichte erzählt, sie hätte laut gelacht und das für völlig verrückt gehalten. Verrückt möchte man sagen, aber vielleicht auch konsequent und gescheit: Wer so viel Geld hat, Mode liebt und den Überblick verloren hat, kann mit Personal und einer Ladeneinrichtung seine Leidenschaft voll ausleben und wieder Ordnung in sein Leben bringen – zumindest in den textilen Teil …

Ich glaube, sie ist nicht glücklicher als eine Philosophiestudentin in einer 1-Zimmer-Wohnung, die womöglich nur einen Schrank hat, aber genau weiß, warum sie was in ihrem Leben in Form von Textilien aufbewahrt. Das heißt natürlich nicht, dass besagte Studentin nicht von einer Storemanagerin träumt.

Eine Schiffsstewardess, die einen kleinen Spind an Bord eines Luxusliners hat, muss genau überlegen, was neben der Uniform noch Platz finden kann auf ihrer Reise um die Welt. Einen Kleiderschrank so weit zu reduzieren ist eine große Kunst. Ich reise Tag für Tag kreuz und quer durch die Gegend und mein Koffer ist mein Kleiderschrank, mein Ankleidezimmer, meine Garage, mein Schuhregal, meine Abstellkammer, meine Bibliothek, Badezimmerschränkchen, mein Home-Entertainment, mein Geschenke- und Dekolager – und dennoch öffne ich meinen Koffer und bin mir sicher, alles dabeizuhaben (bis auf genau das, was ich eigentlich un-be-dingt tragen wollte). In der Kunst des Reduzierens übe ich mich also fast täglich.

Reduzieren heißt Platz zu schaffen für die Dinge, die es wirklich braucht. Wenn alles voll ist, ist es schwer zu erkennen, was womöglich der perfekte Look wäre, da die freie Sicht versperrt ist – von Stapeln undefinierbaren Textils. Vollgestopft mit so vielem, was, wenn es etwas mehr Platz hätte, nicht noch einmal gekauft werden müsste – es ist ja längst da, nur verborgen hinter 23 anderen schwarzen T-Shirts. Wer wenig Raum hat, sollte nicht zu viel horten, sich genau überlegen, was Sinn macht und was besser nicht angeschafft werden sollte. Diejenigen mit dem großen Raum, mit den begehbaren Kleiderschränken, den großen Ankleidezimmern, den perfekten Regalen und den unendlichen Schubladen sind erstaunlicherweise häufig genauso vollgepackt, da das Mehr an Ablage auch mehr verstauen lässt. Ein gut sortierter und durchdachter Kleiderschrank ist etwas Wunderbares. Er spart Zeit, Geld, schont Ihre und seine Nerven … »Wo bleibst du denn?« »Schatz, ich habe einfach nichts anzuziehen …«

ORDNUNG IM SCHRANK

Ein Kleiderschrank kann Sie ständig aufs Neue inspirieren. Wenn Sie einen ordentlichen Überblick über Ihr Kleidersortiment haben! Organisieren Sie Ihren Schrank dafür jetzt ganz neu.

Werfen Sie zuerst Ihre ganze Kleidung auf einen Haufen und putzen Sie Ihren Schrank. Jedes Regal und jede Schublade sollten Sie feucht auswischen und die Kleiderbügel abstauben. Apropos Bügel, trennen Sie sich von Drahtbügeln aus der Reinigung und ersetzen Sie ramponierte Plastikbügel durch stabile Kleiderbügel aus Holz. Wenn Sie Platzmangel haben, behalten Sie die Drahtbügel, aber bitte versprechen Sie mir, dass Blazer mit Schulterpolstern auf einem abgerundeten Kleiderbügel im Schrank auf Sie warten. Inspizieren Sie jedes Kleidungsstück genau. Falls Sie sich nicht sicher sind, wie gut Ihnen die ein oder andere Hose, Bluse oder ein Kleid noch gefällt – anprobieren! Anschließend bilden Sie fünf Stapel:

Der Lieblingsteil-Stapel

Alle Kleidungsstücke, die nicht kaputt, ausgeblichen oder ausgeleiert sind, legen Sie auf diesen Stapel.

Der Schneider-Stapel

Hier legen Sie die Kleidungsstücke ab, die kleine Fehler haben oder eventuell umgenäht werden müssen. Aufgegangene Nähte, kleine Löcher, verlorene Knöpfe und kaputte Reißverschlüsse repariert Ihnen ein Schneider im Handumdrehen, genauso wie er eine zu weite Hose problemlos enger näht.

Der Secondhand-Stapel

Kleidungsstücke, die Ihnen nicht mehr gefallen, aber noch in einem guten Zustand sind, können Sie auf dem Flohmarkt verkaufen oder ganz bequem zu einem Online-Secondhandladen schicken. So verdienen Sie mit Ihren ungeliebten Kleidern auch noch ein bisschen Geld!

Der Ich-pass-bald-wieder-rein-Stapel

Hand aufs Herz! Dieser Stapel wird im Laufe der Jahre immer größer. Zumindest für die, deren Form sich kontinuierlich in eine größere Größe entwickelt. Diese Kleider gehören entweder auf den Altkleider-Stapel oder gleich auf den Müll-Stapel. Aber hier ein kleiner Tipp: Ich würde Ihnen empfehlen, wenn Sie in den letzten 10 Jahren vergeblich versucht haben, wieder in eine Größe 36 einzufahren, machen Sie eine Party. Laden Sie Ihre besten Freundinnen ein und geben Sie der Party ein Motto: »Herzlich willkommen, Größe 40!« Bei einem Glas Sekt und einem kalorienreichen Häppchen lässt sich das frisch erlangte Selbstverständnis für die neue Größe gebührend feiern. Es ist keine Schande, Größe 40 zu tragen, aber den Schrank voll zu haben mit Größe 34 ist dämlich.

Gleiches gilt für all die tollen Damen, die ihre Konfektionsgröße nach unten gehungert haben (»Neiiiin, ich habe nicht gehungert. Ich war immer satt!«). Die zu groß gewordenen Kleider rangieren Sie aus und nennen die Party entsprechend: »Endlich 36!« – dazu reichen Sie Gemüsesticks mit Magerquark. Die Party dauert dann zwar nur 20 Minuten, aber Sie wollten ja eh gerade auf den Stepper steigen.

Der Altkleider-Stapel

Denken Sie auch an die Menschen, denen es vielleicht nicht so gut geht wie Ihnen. Hosen, Blusen, Kleider und Schuhe, die in gutem Zustand sind, aber vielleicht nicht gerade für den Secondhandladen geeignet, sollten Sie spenden. Achtung: Geben Sie Ihre Spende nur in legalen Kleidercontainern ab.

Der Ab-in-den-Müll-Stapel

Ausgeleierte Unterwäsche, Socken mit Löchern, Strumpfhosen mit Laufmaschen und beschädigte Kleidungsstücke schmeißen Sie in den Müll. Seien Sie dabei wirklich rigoros.

Achten Sie nach der großen Sortieraktion darauf, dass Krempel wie Briefe, Geschenkpapier und Schuhe nicht wieder im Kleiderschrank landen. Diese Sachen haben dort einfach nichts zu suchen!

Außerdem ist es wichtig, dass Sie immer nur die aktuelle Saison im Schrank aufbewahren. Im Sommer hat Ihre Wintermode nichts im Schrank zu suchen. Lagern Sie die warmen Kleidungsstücke in Kleiderboxen unter Ihrem Bett oder notfalls im hinteren Teil Ihres Schrankes.

Der perfekte Kleiderschrank ist gut organisiert

In den oberen Regalen haben Pullover, Sweaters und T-Shirts ihren Platz. Hosen, Röcke, Kleider und Blusen gehören auf die Kleiderstange. Mit den passenden Kleiderbügeln zerknittern die gebügelten Kleidungsstücke weniger schnell. Wenn Sie möchten, können Sie die Kleidungsstücke noch nach Farbe sortieren. Unterwäsche sollten Sie in verschiedene Schubladen verteilen. Socken und Slips gehören zusammengerollt in ein Wäschefach, zusammen mit feinen Strumpfhosen, die im Plastikbeutel aufbewahrt werden müssen. Empfindliche Seidenunterwäsche und BHs bewahren Sie in einer separaten Schublade auf. Gürtel sollten Sie fein säuberlich aufgerollt in einer der unteren Schubladen verstauen. In ein weiteres Fach gehören gefaltete Schals und Tücher. Bewahren Sie Ihren Schmuck und Handtaschen in einer gesonderten Kommode auf. So behalten Sie auch über Ihre große Accessoires-Sammlung den Überblick. Wertvollen Schmuck geben Sie lieber in ein Schließfach der Bank oder Sie sichern ihn in einem Safe.

Natürlich wird sich im Laufe der Zeit wieder etwas Unordnung im Kleiderschrank einschleichen. Aber wenn Sie regelmäßig einen Kleidercheck durchführen, dann werden Sie dem Chaos schnell wieder Herr. Ein gut sortierter Kleiderschrank ist die einzige Möglichkeit, alles zu tragen, was Sie besitzen – weil Sie es finden.

HIER NOCH EIN PAAR KLEINE TIPPS:

- Getragene Kleider, Hosen und Blusen wieder fein säuberlich in den Schrank einsortieren, am besten sofort nach dem Ausziehen.

- Wenn das kleine Schwarze schon hellgrau und der Schnitt total verzogen ist, dann sollten Sie sich von ihm trennen. Auch das beste Designerstück ist irgendwann abgetragen.

- Vermeiden Sie sämtliches Gerümpel im Kleiderschrank.

- Für ein schnelles »Refreshing« Ihrer Kleidung sollten Sie immer eine Fusselrolle und einen kleinen Handstaubsauger griffbereit im Schrank deponiert haben.

- Mein Lieblingstipp: Sorgen Sie für Frische in Ihrem Schrank, indem Sie mit kleinen Zedernholzkugeln und Lavendelkissen die Motten und staubige Gerüche vertreiben. Ich lege immer kleine Taschentücher, getränkt mit meinem Lieblingsparfüm, zwischen die Wäsche.

Halten Sie sich an diese Regeln, dann werden Sie nie wieder das Gefühl haben, dass Sie kein schönes Outfit in Ihrem Schrank finden können!

Anbei habe ich noch ein paar Tipps für modische Klassiker, in die Sie unbedingt investieren sollten. Denn sie passen einfach zu jeder Gelegenheit.

Weiße Bluse

»Es gibt für eine weiße Bluse keinen Plan B. Sie ist immer die erste Wahl und ein verlässlicher Partner, der Sie nie betrügt.«

Trenchcoat

»Er ist ein beigefarbener Allrounder, der im Winter nicht warm genug ist, im Sommer nur zum Pferd passt, aber im Frühling und Herbst Ihr bester Freund sein kann.«

Marlene-Hose

»Eine Marlene-Hose ist wie ein blauer Himmel für die Seele, wenn die Beine lang genug sind!«

Shopper

»Wenn die Lieblingstasche alles wieder hergibt, was ihr anvertraut wurde, dann ist sie nicht nur schön, sondern auch äußerst praktisch!«

Clutch

»Wenn nichts mehr geht, eine Clutch geht immer!«

Bleistiftrock

»Ein Bleistiftrock kann so auffällig und gefährlich daherkommen, dass er auch als Waffe benutzt werden könnte.«

Blazer

»Ein Blazer ist der große Bruder einer ärmellosen Weste. Wenn er gut geschnitten ist, dann kann frau mit ihm sogar ein Land regieren.«

Das kleine Schwarze

»Das kleine Schwarze kann manchmal auch ein großes Dunkles sein.«

Der richtige BH

»Wenn das B für Brust steht und das H für Halt, dann ist schon alles gesagt. Sollte er dann noch aufregend schön sein, ist er OHO …«

Gute Wäsche

»Gute Wäsche ist ein Lebenspartner, der Sie behütet, liebt und Sie angenehm ›berührt‹ – oben wie unten.«

»Wenn nichts mehr geht,
eine Clutch geht immer!«

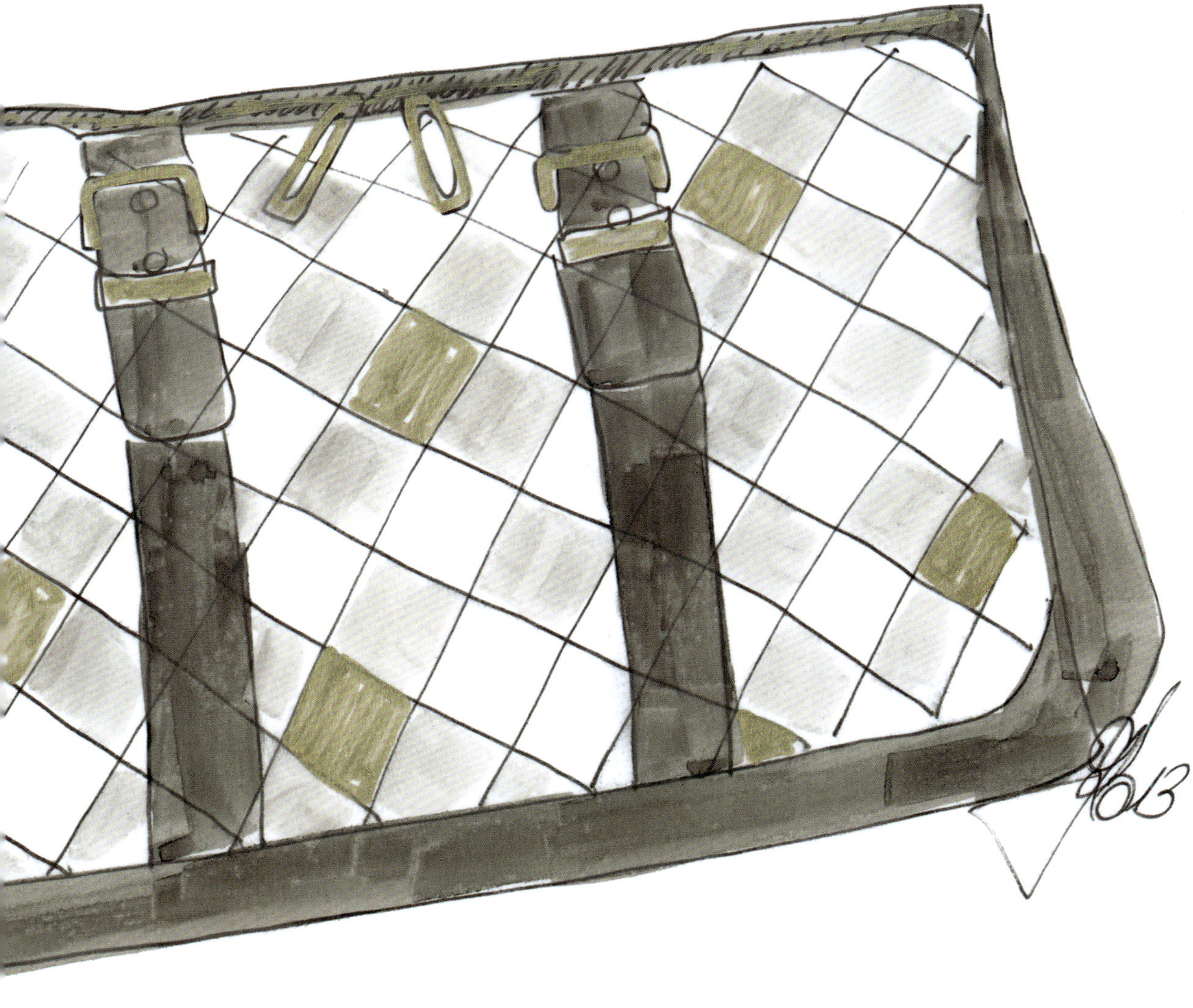

GUIDOS
KAUFRAUSCH

DIE PERFEKTE SHOPPINGBEGLEITUNG

»Du bist so jung wie deine Begeisterung für das, was du noch nicht gekauft hast.«

»Sieht irgendwie billig aus, aber passt zu dir.« Diesen Satz habe ich vor Jahren vor einer Umkleidekabine gehört und er kam vermutlich genauso von Herzen wie das Lachen der so Wertgeschätzten. Humor ist eine wunderbare Grundlage für das gesamte Leben und erstaunlicherweise auch für den Umgang mit Mode. Erwartungen sind häufig der Ursprung für Enttäuschungen. Einem falschen Oberteil kann man in Sekunden ansehen, ob erstens das Ding sitzt, zweitens es etwas Positives für uns tut und es drittens bewundert oder missachtet werden wird. So manches belächelte Oberteil wäre ganz unbehelligt davongekommen, wenn es nicht die falsche Dame getroffen hätte.

Ein perfekter Look ist manchmal wie eine Ehe. Das Problem mit Mode ist ähnlich wie das mit dem vermeintlich perfekten Lebenspartner. Vor Jahren hat er perfekt gepasst, wurde jahrelang aufgehoben, gereinigt und betreut und ist später dann doch aus der Form geraten – aus steter Beanspruchung oder von zu viel Betreuung – oder einfach so aus der Mode gekommen. Wer alles ohne Reflexion aufträgt, darf sich nicht wundern, wenn Blusen kneifen, Hosen spannen und der Traummann sich zum Ekel entwickelt hat. Obwohl er am Anfang so gut ausgesehen hat.

Was du liebst, musst du pflegen! Du musst es pflegen und wertschätzen, manchmal etwas umschneidern und, wenn es nichts mehr für dich tut, dich davon trennen.

Jetzt lieben wir uns selbst in der Regel aber meistens so sehr, dass die Fehler beim Gegenüber immer viel leichter zu enttarnen sind – die eigene Unzulänglichkeit bleibt uns oft verborgen! Die Webfehler in unserem Gegenüber veranlassen uns schnell dazu, am hängenden Faden zu ziehen.

Wer glücklich einkaufen gehen will, Shopping als Zugewinn und als einen fröhlich-erfolgreichen Beutezug betrachtet, der sollte bei der Auswahl der richtigen Shoppingbegleitung Obacht walten lassen.

Als ziemlich kleiner Junge hatte ich das große Vergnügen, mit meiner Mutter eine Jeanshose für mich kaufen zu dürfen. Dieser Tag sollte mir bis heute in Erinnerung bleiben. Seit jenem Tag weiß ich, wie es sich anfühlt, wenn die gesamte Belegschaft inklusive aller anwesenden Kunden mitbekommt, dass Guido die Hose nicht passt. Das laute Rufen meiner Mutter durch den Vorhang hätte ich ihr ja noch verziehen: »Komm bitte raus, ich habe dir gesagt, sie ist zu eng.« »Warte mal« ist ein Wort, das mir in lebhafter Erinnerung geblieben ist. »Warte mal« hieß in meinem Fall, sie öffnete den Vorhang und hatte sich Unterstützung in Gestalt einer schwarz-weiß gekleideten C & A-Verkäuferin, einer Mutter aus der Nachbarkabine nebst ihrer drei Kinder, eines Auszubildenden, der die passende Größe suchen sollte, und des Leiters der Herrenmode gesucht. »Zu eng, steht ihm gar nicht«, »Der hat aber auch kräftige Schenkel, spielt der Fussball?«, waren nur einige der Kommentare. Wer hätte in diesem jungen Stadium meines Lebens erahnen können, dass ich selbst einmal das vor der Kabine stehende Publikum sein würde. Ein Vorhang, zum falschen

Zeitpunkt zur Seite geschoben, ist schonungslos und mit Publikum noch schlimmer. Seit jenem Tag weiß ich, wie wichtig es ist, dass ein Vorhang nur dann aufgeht, wenn man selber es möchte. Wenn man das Gefühl hat, einen Look gefunden zu haben, der uns selbstbewusst und aufrecht aus der Kabine kommen lässt.

Eine perfekte Shoppingbegleitung ist nicht immer die Mutter, sicher nicht immer der Partner oder ein anderer Mensch, der einem besonders nahsteht. Aber eine Mutter, ein Partner und auch ein Freund können so wundervoll ehrlich sein wie das Licht in der Kabine – und die beste Begleitung, die man sich wünschen kann! Suchen Sie sich jemanden, der ehrlich ist, aber dabei nicht verletzend. Alleine einzukaufen kann toll sein, mit der richtigen Begleitung macht es richtig Spaß.

SHOPPINGTIPPS

Das perfekte Shopping-Outfit

Auf jeden Fall sollte es ein Look sein, in dem man sich wohlfühlt und den man schnell in engen Kabinen an- und ausziehen kann. Jogginganzüge gehören nicht zum perfekten Shopping-Outfit – es sei denn, man ist Paris Hilton oder Daniela Katzenberger oder Cindy aus Marzahn.

Außerdem sollten Sie leicht geschminkt sein und sich die Haare schön gemacht haben. Das gehört einfach dazu, wie eine große Tasche, in der Sie Wechselschuhe transportieren können und der Geldbeutel samt Shoppingbudget sicher aufgehoben ist. Bitte geben Sie bei Ihrem Shoppingbummel nicht mehr Geld aus, als Sie haben.

Die perfekte Shoppingbegleitung

Das Wichtigste ist, dass man sich selbst dabeihat. Vergessen Sie bitte nie, dass der ganze Shoppingtrip sich ausschließlich um Ihre Person dreht. Schwierig ist die eigene Mama. Oft reißen alte Wunden auf. Ich habe schon viel Elend gesehen bei dem Mutter-Tochter-Bummel, glauben Sie mir!

Wer immer geht, ist der schwule, beste Freund. Er ist in der Regel ehrlich (vielleicht manchmal zu viel) und er hat ein gutes Auge. Falls Ihr schwuler, bester Freund sich gerne verkleidet, femininer ist als Sie und graziler auf 12-cm-Stilettos läuft als Sie, dann rate ich Ihnen davon ab. Denn er könnte Outfits aussuchen und befürworten, die immer etwas over the top sind.

Der eigene Partner kann eine tolle Einkaufsbegleitung sein, besonders wenn er sich selbst für Mode interessiert und Sie ein Modeltyp sind, dem alles steht. Falls das nicht der Fall ist, dann lassen Sie den jungen Mann lieber mit seinen Freunden Fußball schauen. Sonst entdeckt er vielleicht während der Anprobe kleine Problemzönchen, die Sie sonst immer geschickt versteckt haben.

Wenn Sie eine perfekte Shoppingbegleitung suchen, die Sie nicht nervt oder in Grund und Boden quatscht, die nicht widerspricht und nicht permanent die Kundentoilette sucht, dann nehmen Sie rausgerissene Seiten aus Modemagazinen, Shopping-Apps oder natürlich mein Buch mit – Sie wissen, ich bin immer an Ihrer Seite!

Die beste Shoppingstrategie

Zu allererst müssen Sie die fünf W-Fragen beantworten. Was will ich haben? Wo will ich shoppen gehen? Wie viel darf meine Shoppingbeute ungefähr kosten? Wer soll mich begleiten? Warum muss ich überhaupt einkaufen gehen?

Wenn Sie zum Beispiel ein Vorstellungsgespräch bei einem Schuhversandhandel haben, dann sollten Sie zuerst einen auffälligen Schuh kaufen und danach erst das restliche Outfit passend zum Schuh shoppen. Wenn Sie dann tolle Treter entdeckt haben, begutachten Sie diese in aller Ruhe, probieren die Schuhe an und bedanken Sie sich bei der Verkäuferin. Jetzt gehen Sie erst mal einen Kaffee trinken. Und wenn Sie während der kleinen Shoppingpause ständig an den Schuh denken müssen, dann müssen Sie ihn kaufen. Wenn Sie sich zunehmend unsicher werden, ist das Schuhwerk nicht das richtige für Sie.

Zur richtigen Shoppingstrategie gehört auch ein bisschen Mut. Haben Sie keine Angst vor Veränderungen. Falls Sie ein Kleid kaufen, das nicht ganz perfekt sitzt, dann bringen Sie es zum Schneider. Jede Frau sollte einen guten Schneider und einen guten Schuster haben, so wie ja auch jede einen guten Hausarzt hat.

Das Zeitmanagement

Die erste Einschränkung, die Sie beim perfekten Shoppingzeitmanagement haben, sind natürlich die Öffnungszeiten. Ich empfehle Ihnen, entweder vor oder nach dem Mittagessen einkaufen zu gehen. Mit einer ordentlichen Stärkung können Sie gleich hintereinander ein paar Boutiquen abklappern. Wenn Sie aber merken, dass Sie keine Lust oder Kraft mehr haben, legen Sie sofort eine Pause ein. Gehen Sie etwas essen, flirten Sie in einem kleinen Straßencafé, während Sie einen Cappuccino schlürfen, oder verschieben Sie Ihren Shoppingtrip auf einen anderen Tag. Einen kleinen Frustkauf dürfen Sie sich leisten. Ein Schal oder Kugelschreiber eignet sich perfekt dafür – dabei können Sie nie etwas verkehrt machen.

Die Verkäuferin

Wenn eine Verkäuferin auf Krawall gebürstet ist, dann haben Sie genau zwei Möglichkeiten. Entweder Sie verlassen die Boutique schlagartig oder Sie versuchen es mit der direkten Art. Für Letzteres empfehle ich Sätze wie: »Seien Sie mir nicht böse, aber so unfreundlich können Sie zu Ihrem Ehemann sein, aber nicht zu mir. Könnte ich Ihre Kollegin sprechen?!«

Ich finde es übrigens textilen Betrug, wenn schwache oder unsichere Menschen von einer dominanten Verkäuferin niedergeredet werden und Klamotten kaufen, die überhaupt nicht zu ihnen passen. Suchen Sie sich dann eine andere Verkäuferin und sprechen Sie diese einfach direkt an. Mit Sicherheit wird sie Ihnen gerne behilflich sein.

WARENKUNDE

KLEINE STOFFKUNDE

Für mich sind Stoffe nicht nur das Material, aus dem ich schneidern darf. Ich bin fast allen Materialien verfallen und könnte mir ein Leben ohne diese stofflichen Freunde nicht mehr vorstellen. Ein Stoff kann alles sein: feinstes Tuch, bestickter Lappen, gewebter Traum oder bedruckter Albtraum. Gewebe kann so vielfältig sein wie die Verwandlung in unterschiedliche Kleidungsstücke. Es gibt Kleiderstoffe, Bezugsstoffe, technisches Gewebe, mit dem man den Reichstag verhängen kann, und eine Vielzahl von weiteren Kategorien, mit denen Christo noch so einiges verpacken könnte. Kleiderstoffe sind die Partner, die unseren Körper verdecken, verhüllen, unterstützen, verzaubern und manchmal auch entblößen, obwohl wir angezogen sind.

Das richtige Material hat auch immer mit der Jahreszeit zu tun, in der wir Textilien tragen. Der Sommer braucht Leichtigkeit, der Winter Wärme, der Herbst weiß nie so genau, ob er schon vom kühlen Wind oder doppelt aus dem Sommer erzählen soll. Gleiches gilt für den Frühling. Wer zu früh dem Sommer vertraut, hat schon oft mit kalten Beinchen und Erkältung bezahlen müssen. Kleidung ist in erster Linie Schutz vor den Witterungseinflüssen. Wer einmal mit einem Sommerkleidchen im Schnee stand, der weiß, warum ein warmer Mantel Sinn macht. Wer auf einer Südseeinsel geboren wurde, braucht ebenso Schutz wie ein rauer Wikinger aus dem hohen Norden.

Unabhängig von den klimatischen Verhältnissen gibt es eben noch einen weiteren Aspekt, der mit Kleidung eng verbunden ist – die Scham. Das Sichverhüllen, -verpacken und -schützen vor den Blicken der Umwelt ist so elementar in uns angelegt wie die Lust, uns wieder auszuziehen. Nacktheit kann Freiheit bedeuten, solange es in einem intimen Raum passiert. In einer Saunaanlage wird Nacktsein zur Selbstverständlichkeit. Aber auch nur, weil unser Gegenüber sich hüllenlos bewegt. Sobald ein Nackter im öffentlichen Raum spazieren geht, wird er in Bayern vermutlich sofort verhaftet, auf Sylt als verirrter FKK-Tourist entlarvt, in Stuttgart in die Psychiatrie eingewiesen bzw. an einen Baum gefesselt und als Stuttgart-21-Gegner beklatscht, in Berlin vermutlich kaum beachtet und im Fußballstadion als Flitzer vom Platz getragen. Dennoch liegen die Nackerten in München im Englischen Garten und in Berlin auf der Tuntenwiese im Tiergarten. Hunderte Männer mit wehenden Bananen auf dem Rasen, sobald die Sonne das erste Grün bescheint.

Warum manche von uns sich so gerne ausziehen, ist genauso interessant wie die Frage, warum einige sich den ganzen lieben langen Tag an- und wieder umziehen und – obwohl der Schrank schon voll ist – nie genug bekommen. Mode ist die Möglichkeit, mit Stoffen zu erzählen, was ein Pfau sagen möchte, wenn er mal eben ein Rad schlägt. Alle sagen: »Wow, kuck mal, der Pfau.«

Kleidung ist jedoch nicht gleich Mode und schlägt nicht immer ein Rad. Die Vielzahl der Materialien ist mittlerweile so umfangreich, dass selbst die Profis nicht mit allen unterschiedlichen Qualitäten arbeiten. Genauso verhält es sich mit unserem Gusto und dem Faible für verschiedene Stoffe. Der eine liebt alles, was aus Wolle gefertigt wurde, dem Nächsten ist das kratzige Naturmaterial ein Gräuel. Der Kaschmirliebhaber mag das Material besonders deswegen, weil es ihn nicht mehr an die raue Variante aus dem heimischen Schafstall erinnert. Die eine bekommt von Polyester Ausschlag, die Nächste hat das Gefühl, sie habe ein Seidenkleid ergattert, und wundert sich, dass es so pflegeleicht ist. Leinen knittert dem einen zu viel und das ist genau, was dem Nächsten den Look so einzigartig macht. Baumwolle kann so steif und fest wie fein und fließend sein. Seide hat manchmal den Zauber von Haut und Sinnlichkeit, kann aber in Form von Bourette und Rohseide grob und bockig wirken. Wer kann sich noch vorstellen, wenn er ein Seidenkleid trägt, dass die Grundlage dafür 5 000 Seidenraupen waren, die kurz vor ihrem Schlüpfen in heißes Wasser getunkt wurden. Die Verwandlung zum Schmetterling muss dann die Trägerin vollziehen, indem sie das Seidenkleid zur Freude aller in die Welt ausführt.

Sie sehen, unsere Welt ist geprägt von all den verschiedenen wunderbaren Stoffen, die ich Ihnen gern näherbringen würde. Schließlich ist der feinste Stoff der, der sich gut anfühlt, obwohl Sie vielleicht (noch) nicht wissen, aus was er gemacht ist und warum die Seidenstola neulich nach der letzten Kochwäsche plötzlich nicht mehr zu finden war …

DIE WELT DES GEWEBTEN

PFLANZLICHE ROHSTOFFE
Baumwolle und Leinen

Baumwolle wird in zahlreichen Ländern wie Indien, Ägypten und in ganz Nordamerika angebaut. Die genügsame Pflanze gedeiht am besten in tropischen Klimazonen. Da Anbau und Ernte des Rohstoffs relativ einfach sind, ist Baumwolle nicht teuer. Hergestellt wird sie aus der Fruchtkapsel, die mit ihrem bewachsenen Samen einem Wattepuschel ähnelt.

Die Vorteile von Baumwolle: Sie ist billiger als Leinenstoffe und sehr robust. Außerdem saugt sie Feuchtigkeit (Körperflüssigkeiten wie zum Beispiel Schweiß) auf und trocknet schnell. Aufgeraut wärmt sie zudem noch zuverlässig. Kleidung und Gebrauchswäsche aus Baumwolle lassen sich heiß bügeln. Die Nachteile von Baumwolle: Baumwolltextilien laufen während der ersten Wäsche ein und verlieren schnell die Form. Die Naturfaser neigt außerdem zum Fusseln.

Leinen wird aus der Flachspflanze hergestellt, die in Europa beheimatet ist. Die Textilindustrie nutzt nur die Stängel der Pflanze, die Samen dienen der Ölgewinnung. Der Weg vom Feld bis zum Stoff ist bei Leinen ein sehr langer, deshalb ist er um einiges teurer als Baumwolle. Die Vorteile von Leinen: Der Pflanzenstoff ist robust und besticht durch seinen leichten Glanz. Außerdem fusselt er im Gegensatz zur Baumwolle nicht. Der größte Nachteil von Leinen: Der Stoff knittert stark.

Beim Bügeln muss deswegen darauf geachtet werden, dass die Wäsche noch feucht ist.

TIERISCHE ROHSTOFFE
Wolle und Seide

Seide gehört zu den edelsten Stoffen überhaupt und ist eines der teuersten Rohmaterialien in der Textilwirtschaft. Seide ist leicht, naturelastisch und dabei knitterarm. Das Material lässt sich wunderbar färben, ist jedoch empfindlich gegen UV-Licht und bleichende Waschmittel. Zudem ist Seide ein perfekter Partner für alle klimatischen Umstände. Sie kühlt leicht im Sommer und sie wärmt im Winter. Ein zarter Seidenschal um den Hals gelegt hält erstaunlich warm und schützt vor so mancher Halsentzündung.

Seide wird gewonnen durch die Seidenraupe, die ausschließlich von Maulbeerbaumblättern lebt. Nur wenn sie zum richtigen Zeitpunkt geerntet wird, ist der Unendlichfaden, aus dem der Kokon besteht, Grundlage für dieses Traummaterial. Der richtige Zeitpunkt ist, kurz bevor der Falter sich durch den Kokon nach außen befreit, da sonst der Faden zerstört würde. Der Kokon ist im Grunde ein Fadenknäuel, ähnlich wie ein Wollknäuel, mit einem Anfang und einem Ende – das ist der Seidenfaden. Und wie so oft im Leben muss ein Tier nach dem anstrengenden Kokonbau in heißem Wasser sein Ende finden. Der Hummer unter den Stoffen. Die Vorteile von Seide: Der Glanz des Materials ist unübertroffen. Reine Seide ist außerdem sehr angenehm zu tragen, weil sie leicht und weich ist. Die Nachteil von Seide: Sie kann nicht heiß gebügelt werden, da Seide größere Hitze nicht mag. Motten haben den Stoff außerdem zum Fressen gern. Das ist die Wiedergutmachung für den verbrühten Falter.

Der größte Teil der handelsüblichen Wolle wird aus Schafwolle gewonnen. Je nach Rasse ist der Rohstoff fein und gekräuselt (Merinoschaf) oder fest und gröber (Crossbredschaf). In Europa spielt die Schafzucht und Wollgewinnung keine große Rolle. Länder wie Neuseeland und Argentinien nutzen ihre unbesiedelten Flächen dagegen für riesengroße Schafherden. Besonders feine und kuschelige Wolle liefern Angorakaninchen und -ziegen. Allerdings fusselt das flauschige Material und ist nicht einfach zu pflegen, ähnlich der Kaschmirwolle von der Kaschmirziege. Die Vorteile von Wolle: Kein anderes Material wärmt so sehr. Außerdem hängen sich Knitterfalten von selbst aus. Die Nachteile von Wolle: Viele Kleidungsstücke aus Wolle müssen per Hand gewaschen werden. Sind die Textilien waschmaschinenfest, ist auf ein mildes Waschmittel zu achten. Die Wassertemperatur sollte höchstens 30 Grad Celsius betragen, sonst filzt das Material.

DIE WELT DER CHEMISCHEN FASERN

MATERIALIEN AUS NATÜRLICHEN ROHSTOFFEN

Acetat, Modal und Viskose werden aus Zellulose gewonnen, dem Hauptbestandteil der pflanzlichen Zellwände von Tannen, Fichten und Buchen. Acetat ist der Naturseide ähnlich und sehr schmutzresistent. Allerdings ist die Pflege aufwendig, Kleidungsstücke müssen meist in die chemische Reinigung gebracht werden. Modalfaser ist besonders robust, trocknet schnell und wird für Haushaltsware gerne mit Baumwolle gemischt. Viskose ist eines der günstigsten Materialien. Abhängig vom Veredelungsgrad kann der Stoff in der Maschine gewaschen werden. Er eignet sich für Produkte wie Gardinen, aber auch für Strickkleidung.

MATERIALIEN AUS SYNTHETISCHEN FASERN

Polyamide, Polyacryl, Polyester, Polyvinyl und Polyurethane werden zum größten Teil aus Erdöl und Kohle hergestellt. Polyamide sind so robust wie kein anderer Stoff in der Textilherstellung. Sie liefern die Grundlage für Nylon. Polyacryl ist der Wolle sehr ähnlich und wärmt zuverlässig. Die Pflege ist allerdings aufwendig, da die Fasern besonders gerne knittern. Polyester ist eine der am häufigsten verwendeten Fasern überhaupt und besonders pflegeleicht. Polyvinyl ist eine Faser, die durch ihre elektrostatische Aufladung eine heilende Wirkung auf den menschlichen Körper hat. Fast ausschließlich wird aus dem Material Gesundheitswäsche hergestellt. Die Polyurethanfasern sind besser unter dem Namen Elastan bekannt. Aus ihnen wird zum größten Teil Bademode und Sportbekleidung gewonnen.

STOFFKUNDE

Batist

Wird fast immer aus Baumwolle gewonnen und dient als Grundlage für teure Damenunterwäsche und Oberteile, aber auch für Tischtücher. Batist ist fest gewebt, dabei aber leicht und fließend und kann daher wunderbar für Blusen und Sommerkleider sein.

Bouclé

Bouclé ist ein bunt gewebtes Material mit Knötchen und Struktur, das aus Wolle bzw. verschiedenen Materialien verwoben wurde. Typisch dafür ist eine grobe Struktur, die aber durch die glänzenden Garne sehr elegant und sehr modern wirkt. Wenn es pfiffig kombiniert wird, kann eine Boucléjacke mit einer Jeans wunderbar und hochmodern sein. Ein klassisches Bouclékostüm steht unglaublicherweise jüngeren und älteren Frauen gleichermaßen gut. Es kommt nie aus der Mode und Coco Chanel ging mit dem »little black jacket« in die textile Ewigkeit ein.

Brokat

Ein schweres Material, das entweder mit Goldfäden veredelt oder stark gemustert ist. Brokat kommt aus dem Italienischen

(»broccato«) und steht für gestickt. Brokat wurde ursprünglich aus Damast entwickelt und besticht durch seine aufwendigen Muster aus Seide, die mit goldenen Metallfäden durchwoben werden. Dieses Material eignet sich für Abendroben, aber auch als Dekostoff. Brokat war das Material der Könige, der Reichen und von all jenen, die im Leben durch ein exklusives Material Aufmerksamkeit erregen wollten.

Chiffon

Chiffon kommt aus dem Französischen und heißt »durchsichtiger Stoff«. Es ist ein fein gewebtes Material aus stark gedrehten Seiden- bzw. Polyesterfäden. Chiffon ist fein und hat einen leichten sandigen Griff. Ich verwende Chiffon sehr häufig. Auch die verwandte Variante namens Georgette, die noch etwas körniger ist, findet in meinen Kollektion immer seinen Platz. Blusen und Abendkleider können aus Chiffon, in uni aber auch bedruckt, traumhaft sein!

Cord

Samtstoff, der gerippt ist und aus Baumwolle oder Viskose hergestellt wird. Er ist widerstandsfähig und wird deshalb gerne zur Hosen-, Kindermode- und Möbelbezugherstellung verwendet.

Flanell

Die Grundlage für Nachtwäsche und Sportmode, besteht oft aus Baumwolle oder Viskose.

Gabardine

Der dicht gewebte Stoff gilt als robust und wird hauptsächlich für die Konfektion von Anzugmode und Uniformen verwendet. Wir Designer bezeichnen das Material als klassische Mischung: 55 % Wolle und 45 % Polyester – die Verbindung dieser beiden Materialien ermöglicht eine lange Lebensdauer und eine hohe Strapazierfähigkeit. Mein absolutes Lieblingsmaterial ist ein Feingabardine in Kreppoptik. Er eignet sich hervorragend für kleine Blazer und Kostüme.

Jeans

Der legendäre Stoff aus Baumwolle ist besonders widerstandsfähig. Jeans ist vielleicht das einzige Material, das einem Kleidungsstück seinen Namen gegeben hat! Der Siegeszug der Jeans ist bis heute ungebrochen!

Jersey

Ein beliebter Stoff für Damenhosen, da er sehr elastisch ist und sich der Beinform besonders gut anpasst. Es gibt ihn in Baumwolle, in Polyester und von mir oft verwendet in Seide – es ist ein wirklich tolles Material für Kleider, Hosen und Röcke. Und wenn ich einen Fanklub gründen könnte – es wäre der Seidenjersey-Liebhaber-Klub e.V.

Krepp oder Crêpe

Ein Krepp ist manchmal ein wunderbares Gewebe und manchmal ein hauchdünner Pfannkuchen, der mit Zucker bestreut und Grand Marnier übergossen zu einer Köstlichkeit wird. Ein

Kreppsatin ist ein sanft fließendes Gewebe, ein wirkliches Luxusprodukt und hervorragend geeignet für Abendkleider und Kostüme. Kreppsatin gehört auch zu den reversiblen Stoffqualitäten, da er von beiden Seiten zu verarbeiten ist. Aber Krepp gibt es eben auch in der pflegeleichten und viel preisgünstigeren Variante aus Polyestergarn.

Musselin

Musselin ist ein lockeres und feinfädiges Material, das ursprünglich aus dem Irak stammt und mit orientalischen Mustern große Bedeutung erlangte. Musselin wird aus Baumwolle bzw. Wollfäden gewonnen und erlebte seine größte Blüte im Empire. Das Empire ist meine Lieblingsepoche! Es wird gesagt, dass Joséphine Bonaparte an einer Mandelentzündung gestorben ist, weil sie im Winter den russischen Zaren in einem hauchzarten Musselinkleid empfing. In Paris trug jeder Musselin, also auch Joséphine Bonaparte – das kostete sie wohl das Leben! Der Zar hatte zum Glück vorher noch das Vergnügen, ihren zarten Körper unter diesem Traummaterial beobachten zu dürfen.

Organza

Eines der beliebtesten Materialien von jungen Stardesignern wie Alexander Wang. Der steife Stoff ist fein, leicht durchsichtig und sorgt für einen futuristischen Look. Er ist aber eben auch das Lieblingsmaterial von vielen Hausfrauen mit Dekoambitionen – wer kennt nicht die orangefarbenen Organzadrapierungen auf Wohnzimmertischen und in Hotellobbys, die zusammen mit fünf Kastanien und drei Zimtsternen »Hallo

Herbst!« rufen. Gern findet dieses Material auch Verwendung im Karneval. Keine Fee, keine Prinzessin, die nicht unter diesem kratzigen Material ein Kurzzeitzuhause gefunden hat.

Popeline

Popeline ist ein wunderbares, dicht gewebtes Material aus Baumwolle, Wolle oder Kunstfasergarn in Leinwandbindung. So kompliziert wie es sich anhört, so wunderbar beliebt ist dieses Gewebe bei allen Menschen über 55. Warum der Popelinemantel so ein Renner ist, hängt sicher damit zusammen, dass er strapazierfähig ist, Mann wie Frau ihn tragen kann, womit wir auch schon bei dem Problem des Materials sind: Von hinten betrachtet fragt man sich: Ist das Herr oder Frau Müller? Popeline schützt vor Wind, bedingt vor Feuchtigkeit und ist nicht kaputt zu kriegen. Popeline ist das Material einer ganzen Generation! Popeline for president!

Samt

Samt war das Material der Könige und ursprünglich aus Seide gearbeitet. Das Material ist ein Doppelgewebe, das heißt, auf eine Baumwollbasis wird eine weitere Seidenschicht gewebt. Samt ist ein hochdelikates Gewebe, bei dessen Verarbeitung man einiges beachten muss. Samt ist extrem hitzeempfindlich und sollten Sie das Material zu lange bügeln, machen Sie ruhig gleich weiter, denn dann schaffen Sie ihren eigenen Pannesamt. Von Samt zu Pannesamt sind es nur 50 Grad und 10 Sekunden zu viel! Samt wird immer seine Liebhaber behalten, da es viel Verwendung im Accessoiresbereich findet. Auch im Interieur, in Form von Sofabezügen, auf denen sicher schon einige ihre Unschuld verloren haben. Samt ist ein stiller Beobachter, aber schwer zu reinigen. Und vergessen Sie nicht, Samt hat durch seinen Flor eine Strichrichtung.

Shetland

Feiner Wollstoff, der gerne für Pullover und Mäntel genutzt wird. Manchmal hat es auch vier Beine und ist ein Pony, was in meinem Fall mein erstes war und auf den Namen Poldi hörte. Der Stoff sowie auch Poldi kommen von einer Inselgruppe namens »Shetland Islands«.

Taft

Hergestellt aus Chemiefasern oder Seide, wird meist als Futterstoff verwendet.

Tweed

Tweed ist ein Wollgewebe, das aus Schottland kommt und ein Twill ist – ein Twill ist eine Art Köperbindung, also eine Webart, die es erlaubt, eben auch wunderbare Muster wie z. B. für Schottenröcke arbeiten zu können. Die berühmtesten Tweedstoffe aus Schottland werden unter der Marke Harris Tweed vertrieben. Dieses Material findet vor allem Verwendung bei Anzügen, Mänteln und Kostümen. Sie sind äußerst strapazierfähig und extrem beliebt bei Adeligen, die über ihre Ländereien rennen. Vermutlich haben Camilla und Charles sich in Tweed kennengelernt. Die arme Diana hat glaube ich derweil in Seide zu Hause gesessen …

Webpelz

Das Tolle an Webpelz ist, dass keinem Tier das Fell über die Ohren gezogen werden musste und er trotzdem wärmt und eben oft so wunderbar echt aussieht! Bei Webpelzen gibt es große Qualitätsunterschiede und ich würde allen Damen, die ausschließlich echte Pelze tragen, raten, sich einmal die Luxusvarianten des Webpelzes anzuschauen und dann darüber nachzudenken, ob die armen Füchschen besser im Wald aufgehoben sind … Webpelz eignet sich besonders für Mäntel, findet aber auch oft Verwendung in Home-Interieur-Bereichen und: Meine Hunde lieben ihn!

DIE WELT DER STOFFBESCHICHTUNG

Um Stoffen einen gewissen Touch zu geben, werden diese appretiert. Appretur kommt aus dem Französischen und heißt »Ausrüstung«. Für diesen Veredelungsprozess werden meistens Kunstharze und Stärke verwendet. Undichte Materialien können durch diesen Vorgang wasser- und windabweisend sein, glänzende Stoffe werden mattiert und glatte Materialien aufgeraut. Oft wird die Appretur aber auch benutzt, um qualitativ minderwertiges Material zu vertuschen. Die Beschichtung ist, außer sie ist sehr, sehr hochwertig, weder reibungs- noch waschfest. Viele Appreturen sind meiner Meinung nach völlig sinnlos, denn sie lösen meist nur Allergien aus und waschen sich viel zu schnell wieder heraus. Deshalb Augen auf beim Einkauf!

GUIDO MARIA
KRETSCHMER
JANA

MAYBELLINE

… ein magischer Tag: bei der
Catwalkprobe für meine erste große Show
in der Auferstehungskirche in Berlin

GUIDOS SCHLUSSWORT

Es braucht eine ganze Armee von Arbeiterinnen, damit bei den Bienen eine Königin geboren werden kann – bei uns Menschen manchmal nur ein elegantes Kleid und einen schwebenden Gang. Eine Frau ist nicht nur der O- bzw. A-Typ, ist nicht H oder X, sondern häufig auch eine Kombination von Buchstaben. Die weiblichen Proportionen in Buchstaben zu pressen wird nicht jeder Frau gerecht. Es gibt viel zu viele Mischtypen und im Laufe des Lebens kommen schließlich auch hin und wieder ein, zwei Buchstaben dazu.

Ich habe den Proportionen von Frauen schon immer Namen gegeben, da ich glaube, dass zu jedem Figurtyp ein verbindender Moment gehört, der auch auf das Wesen schließen lässt. Wer immer zart und klein ist, wird natürlich vorsichtiger behandelt als eine große Grobe. Wer schon als junges Mädchen einen großen Busen hat, der weiß um das Interesse der Mitmenschen, kennt schon früh die Grabschereien auf dem Schulhof und kann ein Lied von Busengeschichten singen. Die kleinen Runden können sich manchmal von Diät zu Diät hangeln und rollen am Ende doch nur noch besser. Wer eine starke Hüfte hat, der kann, auch wenn der Rest des Körpers schlank ist, niemals so schmal wirken wie eine Zierliche. Selbst die perfekteste Form hat eben auch hin und wieder ein Verfallsdatum und verändert sich im Laufe des Lebens.

Ich nenne sie meine Erdmädchen und Elfen, die Busenwunder und großen Walküren, die so einzigartig sind, wie es sympathische Bretter und Buddhagirls sind. Meine Kugelfische und Himmelsmädchen sind so liebenswert und unleidlich wie die Perfekten und Wohlproportionierten.

Ich wünsche mir, dass Frauen wieder anfangen, ihre Körper zu akzeptieren. Jede kann sich verändern, aber nicht jede hat die Kraft dazu und nicht jede wird dann auch glücklich, wenn sie ihre neue Form gefunden hat. Wenn die Seele noch übergewichtig ist, dann lässt sich neu erworbene Schlankheit nicht einfach so einkleiden.

Ich wünsche Ihnen viel Vergnügen auf dem Weg, sich Ihrer Figur zu stellen, die Arme weit aufzumachen und vor dem Spiegel stehend zu sagen: »Hallo, das bin ich. Ab jetzt wird mit der Form gelebt, die ich sehe, die ich verwöhne, pflege und gut anziehe.«

Ich hoffe, dass Sie beim Lesen der Geschichten Leichtigkeit verspürt haben. Und auch etwas gelernt haben. Es wäre mir ein Vergnügen, wenn Sie geschmunzelt haben und Ihre Geschlechtsgenossinnen beneidet und bedauert haben. Denn das heißt, dass sie Verständnis haben und nachsichtig sind. Wir Frauen müssen doch zusammenhalten – egal wie kurz oder lang unsere Beine sind …

Herzlichst

Ihr Guido Maria Kretschmer

DANKE!

Mein Dank gilt *meinem geliebten Frank*, der in der Zeit des Schreibens noch weniger Zeit mit mir verbringen konnte, ein geduldiger Zuhörer war und mir mit seinem Lächeln die Gewissheit gegeben hat, auf der richtigen Reise zu sein. Keiner kann so wunderbar vorlesen, ich werde mein ganzes Leben Deinen Worten lauschen …

Sonya Netzle, danke für Deinen Einsatz und Deinen Mut, auch bei stürmischem Wetter in den Flieger gestiegen zu sein, um mich in Berlin zu unterstützen.

Mirja, die immer an meiner Seite steht und mir so einiges nachsehen muss, für Deinen Einsatz, all das Handgeschriebene in den Rechner zu bringen und all die kleinen Änderungen mit einer Engelsgeduld und flinken Fingern immer wieder in die Texte einzubauen!!

Mareike für die Unterstützung und natürlich meinen beiden Barsoimädchen *Alaiyha und Aimée*, die stundenlang neben mir gelegen haben und im richtigen Moment ihre Pfoten auf meine Manuskripte gehauen haben, um mich in den Feierabend zu drängen bzw. zu kratzen. Was würde ich nur ohne Windhunde machen?

Anne und Britta, den mutigen Kämpferinnen, und natürlich meinen RTL-Interactive-Mädels Annette und Sylvia, die mich ermutigt haben, dieses Buch zu schreiben.

Dem Verlag, für ein Mittagessen mit Blick auf die Elbe und die Gewissheit, die richtigen Menschen an meiner Seite zu wissen. Meiner Lektorin *Constanze*, die ruhig gewartet und mir vertraut und meinen kleinen Zeithänger nachgesehen hat, danke!

Meiner lieben Fuschi, die aufpasst und mich behütet und eine gute Kritikerin ist.

Meiner Freundin Annette Schneider, der kreativste Kopf mit Hochfrisur, danke für Deinen hilfreichen Input.

Meinem lieben Freund Jürgen – you know why!

David, immer an meiner Seite, mein Kreuzritter mit Dackel.

Besonderer Dank geht an *all die Frauen*, die mich in meinen Erinnerungen begleiten, meine »Meisenkaisers«, von denen ich gelernt habe und deren Vertrauen mich vielleicht zu dem werden ließ, der ich heute bin …

Tom und Ursel Mutters, Euch muss ich danken, dass Ihr meinen Frank entworfen habt, der Euch so gut gelungen ist.

Und wie immer Euch, *meinen Eltern*, was wäre ich ohne Euch …

Bildnachweis Fotografien

Seite 6: Phil MEINWELT Photography; Seiten 14–15: Nicolas Kantor; Seiten 22–23: Dirk Messner; Seiten 166–167: Ralph Man; Seite 169: Claudius Holzmann; Seiten 208–209: Ralph Man; Seiten 242–247: Philipp Rathmer; Seite 255: Nicolas Kantor

Impressum

Edel Books
Ein Verlag der Edel Germany GmbH

Neumühlen 17, 22763 Hamburg
www.edel.com
Erweiterte und limitierte Sonderausgabe 2013

Projektkoordination und Lektorat: Constanze Gölz
Illustrationen Innenteil: Guido Maria Kretschmer
Coverillustration: Guido Maria Kretschmer
Autorenporträt Backcover: Anne Wilk
Cover, Layout und Umschlaggestaltung: Groothuis.
Gesellschaft der Ideen und Passionen mbH | www.groothuis.de
Lithografie: Frische Grafik, Hamburg
Druck und Bindung: optimal media GmbH,
Glienholzweg 7, 17207 Röbel/Müritz

Printed in Germany

ISBN 978-3-8419-0277-1